最高の晩酌つまみ

筋肉料理人 藤吉和男

宝島社

はじめに

∩・∀・)こんにちは〜筋肉料理人です！
皆さん、お元気ですかあ〜

居酒屋料理人、料理ブロガーである私の、
4冊目のレシピ本を手に取っていただき、
ありがとうございます。私のブログや本では、
たくさんの創作居酒屋料理を紹介してきましたが、
本書には「これは良かった！」
「これって、いけてる！」と自信を持っておすすめできる、
かんたんで美味しいとっておきの
つまみレシピだけを集めました。
そして、それに合うお酒の目安も紹介しています。
これはあくまで私の好みで入れていますが、

基本的に本書のつまみは、
どんなお酒にも合うものばかり。
決め付けずにいろいろなお酒との相性を試して、
黄金の組み合わせを見つけてみてください。
外では高くて飲めないようなお酒でも、
家でなら気楽に買って来て、ゆっくり飲めますよね。
そんな時、かんたんに美味しいつまみが作れれば、
家飲みは最強です。
もちろん、傍らにあるのが発泡酒だって構いません。
本書が、日々の晩酌を
ちょっと贅沢に楽しむ手助けになれば幸いです。

最高の晩酌タイムを楽しんでくださいね!

筋肉料理人
藤吉 和男

最高の晩酌つまみ

CONTENTS

はじめに 2
目次 4
本書の使い方 13

■ 暗唱できちゃう衝撃レシピ

かんたん！
ひとことつまみ

- 14　香味焼き枝豆
- 16　洋風炒り豆腐
- 18　柚子こしょう風味の手羽焼き
- 20　キャベツのかんたんうまたれ
　　　トースター焼き鳥
- 22　まぐろニラ納豆
- 23　ほうれん草のごまチーズ和え
- 24　うま辛きゅうり
- 25　こんにゃくステーキ
- 26　水切りヨーグルトのわさびじょうゆ
- 27　チーズガーリックトースト
- 28　かつお刺身のりゅうきゅう
- 29　とろとろ温泉湯豆腐
- 30　餅とおかかのチーズ焼き
- 31　クリームチーズの和風カナッペ
- 32　魚肉ソーセージとわかめの酢の物
- 33　ブロッコリーとウインナーの焼きサラダ
- 34　里いも煮っころがし
- 35　ニラしょうゆで卵かけご飯
- 36　春雨とはんぺんのうま味スープ

家飲みをランクアップ！
最高のつまみレシピ

第一章

美味しいお酒のお供に
さっぱりおつまみ

かつおのからし明太おろし	38
かつおたたきのからしマヨネーズサラダ	40
温しゃぶサラダ	42
たことオクラの梅肉和え	44
「漬け」ごまサバ	46
まぐろと焼きなすのやまかけ	48
たこと玉ねぎのマリネ	50
蒸しなすサラダ	52
いわしのおろしポン酢和え	54
卵黄のしょうゆ漬け、味噌漬け	56
だし巻き風卵焼き	58
鶏皮のピリ辛ポン酢和え	60
焼ききのこの昆布おろし和え	62
いかそうめんユッケ風	64
なめたけ和ポテトサラダ	66

- 68 アジのユッケサラダ
- 69 ニラの生ハム巻き
- 70 切干し大根とわかめのサラダ
- 71 しいたけのおろし南蛮
- 72 トマトとモッツァレラチーズのわさびポン酢
- 73 こんにゃくサラダ
- 74 きゅうりとミニトマトのビール漬け
- 75 もやしのスモークサーモン巻き
- 76 ホタテもずく酢
- 77 たこと長いものなます
- 78 アスパラガスの明太おろし
- 79 オクラとえのきのピリ辛漬け
- 80 げそのしょうゆ漬け
- 81 薬味ポン酢奴
- 82 アボカドと長いもの刺身
- 83 酢牡蠣

CONTENTS

第二章

グイグイ飲みたい時の
こってりおつまみ

ふんわり月見鶏つくね　90
チーズさくさく焼きせんべい　92
玉ねぎの照り焼き　94
長ねぎの塩たれ炒め　96
えびのからしマヨ焼き　98
鶏のフライパン照り焼き　100
手羽先の甘辛焼き　102
ホタテとエリンギのバターしょうゆ焼き　104
キムチ肉豆腐　106
ベーコンニラ玉　108
ホタテとニラのにんにくじょうゆ炒め　110
豚カルビのポン酢しょうゆ照り煮　112
えのきバター目玉のっけ　114
豚肉の柳川風　115
きのこ、ベーコン、ミニトマトのチーズ焼き　116
カリカリ豆味噌　117
チンゲンサイのにんにくベーコン炒め　118
たけのこの塩たれ炒め　119
なすと豚肉の味噌豆腐炒め　120
ねぎときのこの塩辛バター炒め　121
こんにゃくきんぴら　122
牡蠣ピリ辛炒め　123

第三章

■ 飲んだらコレ

シメの麺・ご飯・鍋

- 130 ピエンロー(白菜鍋)
- 132 カップ焼きそばでかんたんそばめし
- 134 鶏餅鍋
- 136 味噌豚白菜丼
- 138 鮭のあらの味噌バター鍋
- 140 海鮮キムチ焼きうどん
- 142 焦がしねぎの釜玉うどん
- 144 野菜たっぷり辛味噌焼きうどん
- 146 かんたんねぎとろ丼
- 148 和風豆腐グラタン
- 149 アジの干物であっさり茶漬け
- 150 昆布風味の焼きおにぎり
- 151 しみじみ美味しい「常夜鍋」
- 152 韓国風あんこうチゲ
- 153 鯛茶漬け

第四章

保存食材で
最強おつまみ

- しょうゆ味のオイルサーディン　160
- オイルサーディンのねぎ柚子マヨ　161
- ペペロンチーノ風オイルサーディン　162
- オイルサーディンのからし味噌焼き　163
- サバおろし　164
- サバ缶みょうがサラダ　165
- サバ缶温奴　166
- サバニラ　167
- 韓国海苔で長いも短冊巻き　168
- ちくわの韓国海苔巻き　169
- オイルサーディンの韓国海苔巻き　170
- お刺身の韓国海苔巻き　171
- キムチチーズ　172

- 173 魚肉ソーセージのキムチ添え
- 174 ごまキムチ
- 175 キムチ奴
- 176 たたきオクラ ラー油のせ
- 177 ラー油のっけたたき山いも
- 178 ラー油もろきゅう
- 179 ラー油ニラ奴
- 180 鮭おろしきゅうり
- 181 サーモンリエット
- 182 鮭チーズクラッカー
- 183 鮭きのこ
- 184 長いもたたきなめたけ和え
- 185 なめたけもろきゅう

CONTENTS

筋肉料理人の「裏ワザ」教えます

① 時間がたったものを美味しく
半額刺身アレンジ

- お刺身のキムチ和え　84
- はまち漬け刺し　86
- 残ったにぎり寿司で蒸し寿司　88

② 楽してごちそうを作る
かんたん！レンチンレシピ

- カレー風味のチキンバー　124
- 豚と大根のコーラ煮　126
- サバのシンプルレンジ煮付け　128

③ お値頃食材を活用
鶏むね肉の絶品レシピ

- 柚子鶏　154
- 鶏むね水晶の刺身風と鶏皮ポン酢　156
- かんたんタンドリーチキン　158

［筋肉料理人の］読み物コラム

- 読むだけでワンランクアップ！つまみ料理のヒント　186
- 酒好きによる酒好きのための 酒飲み談義　188
- 細かいツボまでよーくわかる！YouTube動画　190

本書のきまり

■ 材料について

「1人分」「2人分」などとあるのは、できあがりのおおよその量です。この本は「2人分」を基本にしていますが、1人分を手早く作るのに向いているものは1人分のレシピを掲載しています。

■ 電子レンジについて

電子レンジを使うレシピの調理時間は500Wでの目安です。お使いのものに合わせて加熱時間を調節してください。高い出力で短時間で調理する場合には、加熱のしすぎに気をつけてください。

■ 耐熱容器について

本書の中で使用している耐熱ボウルは、直径25cm(2.5L容量)と、直径11.6cm(250ml容量)のガラス製、耐熱皿は直径25cmのガラス製です。少量のものは、小さい方を使用しています。

■ 保存期間について

保存期間はあくまでも目安です。保存状態によって異なりますのでご注意ください。

■ オーブン、オーブントースターについて

オーブン、オーブントースターの加熱時間、加熱温度は目安です。様子を見ながら加熱してください。なお、本書で使用しているオーブントースターは1000Wです。

■ 計量について

大さじ	15ml
小さじ	5ml
小さじ1/2	2.5ml
1カップ	200ml
1合	180ml

■ アイコンについて

あくまでも筋肉料理人の好みですが、特に相性のいいお酒に色をつけています。お酒選びの目安にどうぞ。

お酒との相性や、料理のちょっとしたコツなどを記載しています。参考にしてみてください。

巻頭特集

暗唱できちゃう衝撃レシピ

かんたん！
ひとことつまみ

とっさの時に思い出せるレシピこそ、まさに最強！
とにかくすぐ飲みたい！って時にぴったりの20品です。

■ たまには変わり味の枝豆はいかが？

香味焼き枝豆

(ひとことレシピ)

" 枝豆を皮のままごま油で炒め、
日本酒、にんにく、しょうゆを
混ぜたものをかけて香りをつける。
最後に一味唐辛子をふる。"

ひとことつまみ

材料(2人分)

冷凍枝豆	200g(解凍しておく)
日本酒	大さじ3
にんにく	1/2かけ(5g。みじん切り)
しょうゆ	小さじ1
ごま油	小さじ2
一味唐辛子	ひとふり

 kinniku's memo

冷凍枝豆は酒飲みの味方! でも、いつも同じ味ってのも飽きるものです。そんな時は少し味を変えてみましょう。にんにく、ごま油の風味が加わると、味ががらりと変わって面白いですよ。

■ コクと苦みで酒が進む大人の味
洋風炒り豆腐

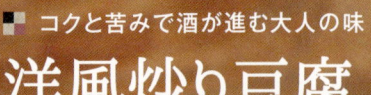

これに合う！ 日本酒／焼酎／ワイン／ビール

ひとことレシピ

" ベーコンと木綿豆腐を中火で炒めて焼き目をつける。ししとうとバターを加え、濃縮麺つゆ、黒こしょうで味つけする。 "

ひとことつまみ

材料(2人分)

木綿豆腐 ……………………………… 1丁
　　　　(フライパンに入れる時手でくずす)
ベーコン ……… 2枚(食べやすい大きさに切る)
ししとう ……… 8本(食べやすい大きさに切る)
濃縮麺つゆ(2倍濃縮) ……………… 大さじ2
バター ………………………………… 10g
黒こしょう …………………………… 適量

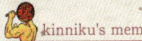 kinniku's memo

いつもとはひと味違う炒り豆腐です！ ベーコン、バター、黒こしょうを使うことで、ぐっと酒の肴らしくなります。ししとうの苦みが味を締めてくれるので、大人の味です。

■ 風呂上がりのビールと合わせて!

柚子こしょう風味の手羽焼き

(ひとことレシピ)

" 鶏手羽先をポン酢しょうゆ、みりん、柚子こしょうの合わせだれに漬け込み、ししとうと一緒にオーブントースターで15分ほど色よく焼く。"

ひとことつまみ

材料(1人分)

鶏手羽先	5本
ししとう	4本(つま楊枝で穴を開けておく)
ポン酢しょうゆ	大さじ1
みりん	大さじ1/2
柚子こしょう	小さじ1

 kinniku's memo

ビニール袋に入れて空気を抜き、30分の漬け込みで、てりてりの手羽焼きが作れます。しかも、オーブントースターで焼くかんたんレシピ。帰宅して漬け込み、その間に風呂に入れば、風呂上がりのビールを居酒屋気分で飲めます。トレイにのせて焼き色を見ながら15分程度焼いてください。

■ 焼き鳥の箸休めにもピッタリ

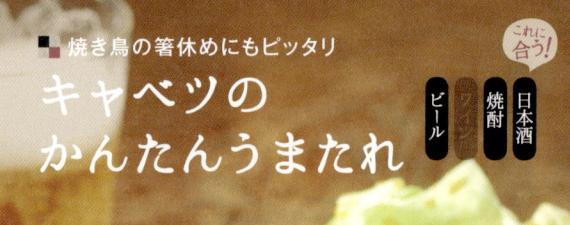

キャベツの
かんたんうまたれ

これに合う！
- 日本酒
- 焼酎
- ビール

焼き鳥屋さんの味をかんたんに実現 ■

トースター焼き鳥

これに合う！
- 日本酒
- 焼酎
- ビール

> **ひとことレシピ**
>
> ❝ しょうゆ、酢、みりん、日本酒、うま味調味料を
> 合わせ、電子レンジで3分加熱して冷ます。
> キャベツにかけていただく。❞

材料(2人分)
- キャベツ ……………… 200g
  (食べやすい大きさに切る)
- しょうゆ ……………… 大さじ2
- 酢 ……………………… 大さじ2
- みりん ………………… 大さじ2
- 日本酒 ………………… 大さじ2
- うま味調味料 ………… 小さじ1/5

 kinniku's memo

九州北部の焼き鳥屋さんではおなじみの「キャベツ」。焼き鳥を注文すると、あっさり酸っぱいたれがかかったキャベツが出てきます。焼き鳥の箸休めにピッタリだし、これ自体が酒のつまみになる位です。電子レンジでかんたんに作れますよ。

ひとことつまみ

> **ひとことレシピ**
>
> ❝ 鶏肉に塩とうま味調味料をもみ込み、
> オーブントースターでからりと焼く。
> 刻みねぎ、一味唐辛子、
> 柚子こしょうでいただく。❞

材料(2人分)
- 鶏もも肉 ……………… 1枚
  (250g。一口大に切る)
- 塩 ……………………… 小さじ1/2
- うま味調味料 ………… 小さじ1/2
- 刻みねぎ、一味唐辛子、
  柚子こしょう ………… 各適宜

 kinniku's memo

焼き鳥をうちで作る時はオーブントースターで焼きましょう。いい感じで水分が飛んで美味しいです。焼く時はトレイにのせて※、皮を上向きにして焼くといいです。それと忘れちゃいけないのがうま味調味料。少し使うだけで、格段に味がよくなります。
※火災防止のため、トレイを使ってください。

これに合う！ 日本酒／焼酎／ワイン／ビール

お手頃価格のまぐろも一流店の味に

まぐろニラ納豆

ひとことレシピ

" ニラを湯がいて水にさらして絞り
納豆と混ぜる。一口大に切ったまぐろの刺身を
練りがらし、しょうゆで和えてのせる。
最後にとろろ昆布をのせる。 "

材料(1人分)

- まぐろ刺身用 …………… 60g
- ニラ ……… 1/4束(5cm長さに切る)
- 納豆 ………………………… 1パック
- しょうゆ ………………… 小さじ2
- 練りがらし ………………… 適量
- とろろ昆布 ………………… 適量

 kinniku's memo

からしじょうゆで和えたまぐろは、納豆、ニラとベストマッチ！ 納豆には付属のたれを混ぜてください。

これに合う！ 日本酒 / 焼酎 / ワイン / ビール

ひとことレシピ

" ほうれん草を湯がき、水にさらして絞る。
食べやすく切り、すりごま、
クリームチーズ、しょうゆ、砂糖で和え、
わさびを添えていただく。 "

材料（作りやすい分量）

ほうれん草	2/3束（200g）
わさび	適量
■ 和え衣	
すりごま	大さじ6
クリームチーズ	60g
しょうゆ	大さじ2
砂糖	小さじ1〜2（お好みで）

kinniku's memo

ごま和えはそのままでも酒のつまみにいいものですが、クリームチーズとわさびのアクセントで、日本酒はもちろん、ワインにも合うつまみに変身します。美味しく作るポイントは、しっかり水切りすることです。

ひとことつまみ

日本酒だけでなくワインにも合う！
ほうれん草のごまチーズ和え

これに合う！ 日本酒 / ワイン / 焼酎 / ビール

15分漬ければできあがり
うま辛きゅうり

ひとことレシピ

" きゅうりをすりこぎでたたき、一口大にしてビニール袋に入れる。塩昆布、けずり節、鷹の爪、しょうゆ、ごま油を加えて15分漬け込む。 "

材料(2人分)

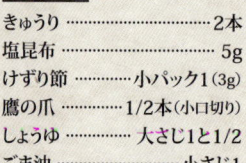

きゅうり	2本
塩昆布	5g
けずり節	小パック1 (3g)
鷹の爪	1/2本 (小口切り)
しょうゆ	大さじ1と1/2
ごま油	小さじ1

kinniku's memo

たたいたきゅうりに塩昆布、けずり節、しょうゆ、ごま油を入れると、うま味が増すのに加えて青臭さが消え、歯ごたえがとってもいい感じになります。

これに合う!
日本酒　焼酎　ワイン　ビール

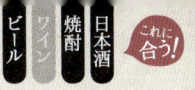

ひとことレシピ

“格子状に切り目を入れたこんにゃくを、バターを落としたフライパンでじっくり焼き、途中長ねぎも加え、しょうゆ、みりん、黒こしょうで味を調える。”

材料（2人分）

こんにゃく	1枚（200g。3分下ゆでして一口大に切る）
長ねぎ	1本（斜め切り）
バター	20g
しょうゆ	大さじ2
みりん	大さじ2
黒こしょう	適量

kinniku's memo

ヘルシー食材のこんにゃくは、江戸の昔から酒飲みの味方です。お酒を片手につまむと思わず「うむ!」とうなずける味。帰宅してすぐ作れるのもいいですよね。

弱めの火力で、じっくり焼くと美味しい

こんにゃくステーキ

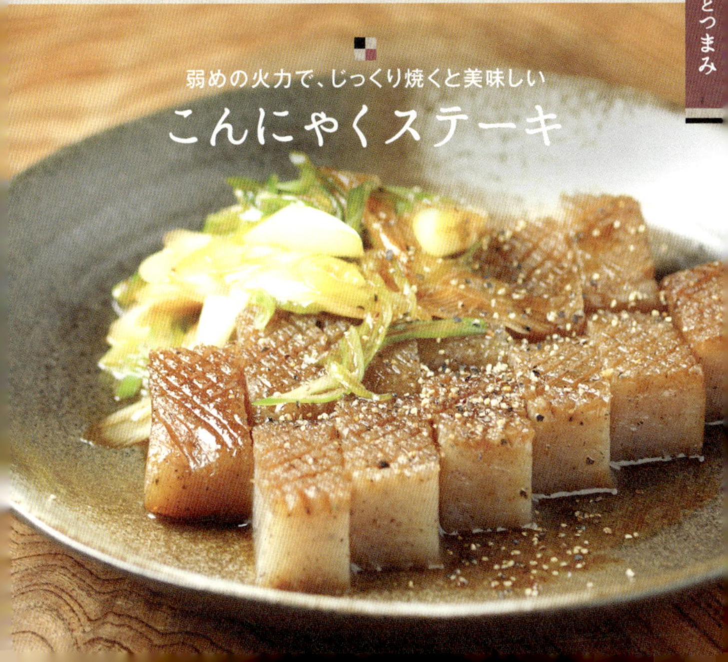

これに合う！ 日本酒／焼酎／ワイン

一度食べたらやみつき！ 新感覚のおつまみ

水切りヨーグルトのわさびじょうゆ

ひとことレシピ

" プレーンヨーグルトを一晩水切りし、からし明太子とわさびをのせ、大葉を添えてしょうゆをかけていただく。 "

材料（1人分）

プレーンヨーグルト（無糖）……… 100g
※ザルにキッチンペーパーをしいて冷蔵庫に入れて水切りしてください。

からし明太子 …………………… 8g
大葉 ……………………………… 1枚
わさび、しょうゆ ………… 各適量

 kinniku's memo

水切りしたヨーグルトは、そのまま食べると酸っぱい…。でも、しょうゆ、わさびと一緒に食べると、あら不思議！ 酸っぱさが影を潜め、あっさりしたクリームチーズみたいです。からし明太子のほか、塩辛、酒盗と合わせても美味しいです。

ビール ワイン 焼酎 日本酒 これに合う！

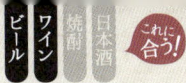

ひとことレシピ

“にんにく、パセリ、オリーブオイルを
混ぜて薄切りバゲットに塗る。
粉チーズ、黒こしょうをふって、
オーブントースターで3分からりと焼く。
ミニトマトとパセリを添える。”

材料（1人分）

バゲット……………………
…15mm厚さの斜め切りを3枚
（下の写真はさらに半分にカットしています）
にんにく…………………1/4かけ
（3g。みじん切り）
パセリみじん切り …大さじ1（3g）
オリーブオイル…………大さじ1
粉チーズ…………………大さじ1
黒こしょう…………………適量
ミニトマト、パセリ…………………
…………………各適宜（飾り用）

ワイン片手に自宅で手軽にバー気分

チーズガーリックトースト

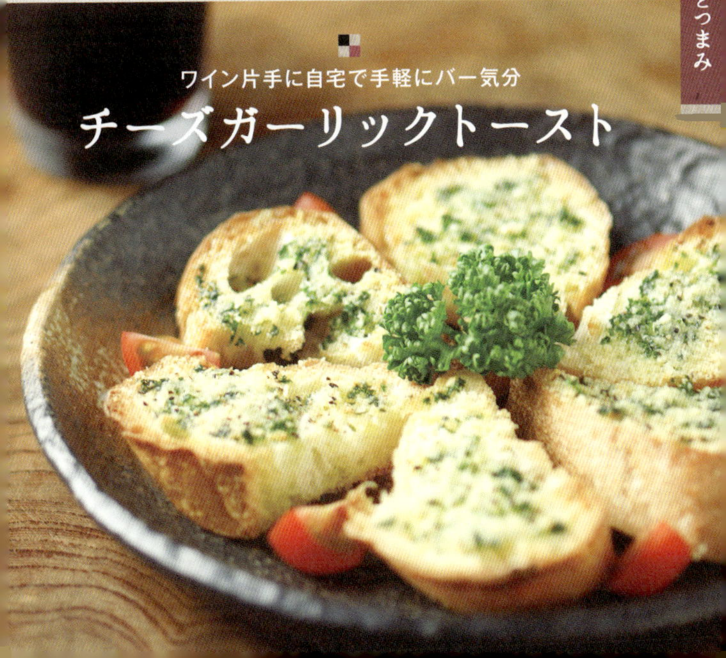

丼にしても美味しい大分の漁師料理

かつお刺身のりゅうきゅう

> **ひとことレシピ**
>
> かつおの刺身をしょうゆ、砂糖、日本酒、すりごまと和えてなじませる。器に盛って卵黄をのせ、刻みねぎ、わさびを添えて、ごまをふっていただく。

材料(2人分)

かつおの刺身(切ってあるもの) ……………………… 80g	砂糖、日本酒 …… 各大さじ1/2
卵黄 …………………… 1個	すりごま …………… 大さじ1
しょうゆ ……… 大さじ1と1/2	刻みねぎ、わさび …… 各適量
	白いりごま ………… 小さじ1/2

これに合う！ 日本酒 焼酎 ワイン ビール

> これに合う！ 日本酒 / 焼酎 / ワイン / ビール

ひとことレシピ

" 土鍋に豆腐、油揚げ、だし、重曹を入れて火にかける。豆腐がとろりと溶けてきたらすくい、薬味、ポン酢しょうゆでいただく。"

材料(2人分)

豆腐	1丁(一口大に切る)
油揚げ	2枚(一口大に切る)
和風だし(インスタントでも可)	2カップ
重曹(タンサン)	小さじ1/2
ポン酢しょうゆ	適量

■ **薬味**
刻みねぎ、おろししょうが、酒盗…各適宜

ひとことつまみ

とろりとした温泉豆腐の食感を再現

とろとろ温泉湯豆腐

わざわざ作りたくなる、やみつきになる味
餅とおかかのチーズ焼き

ひとことレシピ

" フライパンに餅を4山に分けてのせ、それぞれの上にけずり節、チーズを重ね、蓋をして弱火で焼く。両面に焼き目をつけてしょうゆをたらし、香りをつける。お好みで一味唐辛子、パセリを添えて。"

材料(4枚分)

切り餅 ……………………… 2個
(100g。電子レンジに30秒かけ、さいの目に切る)
ピザ用チーズ ……………… 40g
けずり節 ……… 小1パック(3g)
しょうゆ ……………… 小さじ1
一味唐辛子、パセリ … お好みで

ひとことレシピ

> クリームチーズと、もろみ味噌を和え
> クラッカーに塗り、ミニトマト、
> パセリを添えていただく。

材料(2人分)

クラッカー	10枚
クリームチーズ	50g
もろみ味噌	大さじ1
ミニトマト	5個
パセリ	適量

kinniku's memo

クリームチーズの酸味を味噌の塩気がおさえてくれることで、お互いのうま味を引き立てます。添えたミニトマトの爽やかな甘みが、フレッシュな後味を残してくれます。

ひとことつまみ

チーズともろみ味噌の組み合わせが絶妙!

クリームチーズの
和風カナッペ

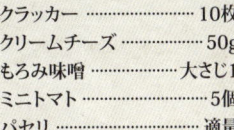

これに合う！ 日本酒 / 焼酎 / ワイン / ビール

定番の酢の物にボリュームを

魚肉ソーセージとわかめの酢の物

ひとことレシピ

" 魚肉ソーセージとわかめ、きゅうりを、酢、しょうゆ、砂糖で和えて、白いりごまをふる。 "

材料(2人分)

魚肉ソーセージ	1本
	(75g。細切り)
きゅうり	1本
(薄く輪切りにして塩小さじ1/2弱で塩もみする)	
乾燥わかめ	3g
	(水で戻して細切り)
酢	大さじ3
しょうゆ	大さじ1
砂糖	大さじ2
白いりごま	少々

kinniku's memo

魚肉ソーセージでボリュームを足しましょう。家飲みでは品数たくさんとはいきませんから、一品一品にある程度ボリュームが欲しいです。お好みで、しょうが、一味唐辛子などを足しても美味しいですよ。

これに合う！ 日本酒 焼酎 ワイン ビール

ひとことレシピ

"ブロッコリーとウインナーを油で炒め、ミニトマトを加えて蒸し焼きにし、塩、黒こしょう、粉チーズをかける。"

材料(1人分)
- ブロッコリー ……………… 200g (小房に分ける)
- ウインナー ……………………… 2本 (飾り包丁を入れる)
- ミニトマト ……………………… 6個
- 塩 ………………………… 小さじ1/2弱
- 黒こしょう ……………………… 適量
- 粉チーズ ………………… 大さじ1
- サラダ油 ………………… 大さじ1/2

kinniku's memo

ブロッコリーはゆでずに蒸し焼きにすると、おっと思う位味が濃くなります。ウインナーと一緒に調理するとボリュームが増して、ビールにピッタリのおつまみになりますよ。

ひとことつまみ

ブロッコリーの食感も楽しい

ブロッコリーと
ウインナーの焼きサラダ

これに合う！ 日本酒 / 焼酎 / ワイン / ビール

懐かしいお袋の味を極上のつまみに

里いも煮っころがし

> **ひとことレシピ**
>
> 里いもをごま油で炒め、だし、砂糖、みりん、日本酒、しょうゆを加え煮ころがす。一味唐辛子をふっていただく。

材料(4人分)

- 里いも ……… 皮つきで550g
  (皮をこそぎ落とし、一口大に切る)
  ※電子レンジで3分加熱して包丁でこすると簡単に皮が落ちます。
- ごま油 ……………… 大さじ1/2
- だし汁 ………… 1と1/2カップ
- しょうゆ、砂糖、日本酒 ……… 各大さじ2
- みりん ……………… 大さじ1
- 一味唐辛子 ………… お好みで

ひとことレシピ

" ニラ、鷹の爪、しょうがを濃縮麺つゆに
15分漬けて、ニラしょうゆを作る。
卵かけご飯にラー油と一緒にかけていただく。"

材料(1人分)

熱いご飯	200g(茶碗1杯分)
卵	1個
ラー油	適量
ニラしょうゆ	大さじ2

■ **ニラしょうゆ**(約200ml分)

ニラ	1/2束(1cmに刻む)
濃縮麺つゆ(2倍濃縮タイプ)	1/2カップ
しょうが薄切り	1枚
鷹の爪	1/2本(小口切り)

ひとことつまみ

ニラしょうゆは一晩漬けるとより美味しい

ニラしょうゆで
卵かけご飯

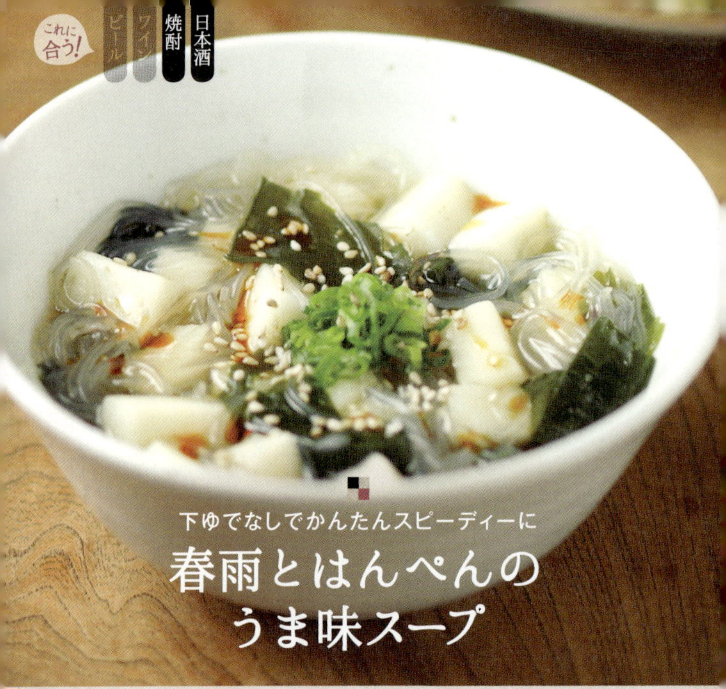

これに合う!
ビール　ワイン　焼酎　日本酒

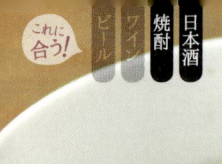

下ゆでなしでかんたんスピーディーに

春雨とはんぺんのうま味スープ

ひとことレシピ

“春雨、はんぺんをお湯に入れて煮る。
わかめを加え、鶏がらスープの素、
しょうゆ、塩、こしょうで味を調える。
ラー油、刻みねぎ、白いりごまをかけていただく。”

材料（2人分）

- 春雨 ……… 30g
- はんぺん ……… 1枚
（サイコロ状の一口大に切る）
- 乾燥わかめ ……… 2g（戻しておく）
- お湯 ……… 500ml
- 鶏がらスープの素、しょうゆ ……… 各小さじ1
- 塩、こしょう、ラー油、刻みねぎ、白いりごま ……… 各適量

家飲みをランクアップ！

最高のつまみレシピ

レパートリーに加えておくと
毎日が楽しくなる人気のつまみ
あれこれを集めました。
あっさり、こってりは、
その日の気分に合わせて。
シメのご飯はもちろん、
保存食材で作れるレシピも便利！

第一章

美味しいお酒のお供に
さっぱりおつまみ

味わい深いあっさりおつまみは、日本酒や焼酎にぴったり。
粋なあっさりおつまみが作れたら、ちょっとカッコイイです！

■ プチプチ食感がたまらない！

かつおの
からし明太おろし

材料(1人分)

かつおのたたき ……… 60g （5mm厚さに切る）	大葉 ……… 3枚（細い千切り） すし酢 ………… 大さじ1/2
からし明太子 ……… 50g （半分に切り、薄皮からしごき出す）	しょうゆ ……………… 適量
大根 …………………… 5cm （すりおろし、軽く水気をきる）	

作り方

1. かつおはすし酢で和える。大根おろしは明太子40gと混ぜ合わせ、かつおと和える。

2. 器に❶を盛り、大葉を散らす。残りの明太子をのせ、しょうゆをかける。

   ※(・∀・)大葉はあらかじめ水に浸し、シャキッとさせ、水気をふき取り端から巻きます。これを千切りにするといいですよ。大根おろしが辛い時は、すし酢少々（分量外）を混ぜて。

---

kinniku's memo

(・∀・)5分で作れるかんたんスピードレシピです。
かんたんですが見栄えがよく、ちょっと嬉しいおつまみになりました。
最後にのせたからし明太子がポイントです。

■ からしマヨ効果でかつおのクセをカバー

かつおたたきの
からしマヨネーズサラダ

これに合う！ 日本酒 焼酎 ワイン ビール

材料(2人分)

かつおのたたきブロック …………………… 150g	酢 ………………… 大さじ1
えのきたけ ………… 1袋 （石づきを取り、半分に切る）	しょうゆ ………… 大さじ2
にんじん ……… 1/3本(50g) （細い千切りにする。ザルに入れ、流水にさらす）	マヨネーズ ………… 大さじ2
	練りがらし ……… 小さじ1/4
ニラ …… 1/4束(5cm長さに切る)	黒こしょう ………………… 適量

作り方

❶ かつおは臭み抜きに酢をかけ、水気をキッチンペーパーでふき取る。これを一口大の角切り(2cm角)にする。ボウルに入れしょうゆをかけて混ぜ、20分ほど冷蔵庫に入れておく。

❷ えのきとにんじんを耐熱ボウルに入れ、ラップをして電子レンジに2分かける。いったん取り出してニラを加え、さらに1分かける。水が出るのでザルに上げ、風を当てて冷まし、粗熱が取れたら冷蔵庫で冷やす。

❸ ボウルにマヨネーズとからし、黒こしょうを入れて混ぜ、冷やした❷を混ぜる。これに❶を混ぜ、皿に盛りつける。

❹ からし少々(分量外)を小皿に出し、1/3量の水(分量外)で溶き、❸にかけてできあがり。

※チューブ練りがらしの場合、水で溶くことでツンとくる香りが強くなります。

さっぱりおつまみ

🧑 kinniku's memo

酢で洗い、しょうゆ漬けにしたかつおのたたきは、
クセが薄れ食べやすくなります。
マヨネーズ風味でクセがマスクされる効果も大きいでしょう。

■ ヘルシーで、ダイエットにもぴったり！
温しゃぶサラダ

これに合う！ 日本酒 / 焼酎 / ワイン / ビール

材料（2人分）

豚しゃぶしゃぶ用肉 … 100g
玉ねぎ、紫玉ねぎ …………
………………… 各1/4個
（薄切りにして15分ほど水にさらし、よく水気をきる）

万能ねぎの小口切り、
けずり節 ………… 各適量
酒 ……………… 大さじ3
ポン酢しょうゆ、または
ごまドレッシング … 各適宜

作り方

❶ たっぷりのお湯に酒を入れ、豚肉をゆで、ザルに上げて粗熱を取る。

※冷しゃぶにする時は、ザルにのせたまま冷やすか、水で冷やして。

❷ 器に玉ねぎを小高く盛り、周囲に水気をしっかりきった❶を盛る。玉ねぎの上にけずり節を、豚肉の上に万能ねぎを散らす。食べる直前にポン酢しょうゆやごまドレッシングをかける。

※自分でごまドレを作る時は、ポン酢しょうゆにすったごまか、ごまペーストをお好みで混ぜるといいです。その時、砂糖、しょうが、にんにくで少し味を足すといいですね。

さっぱりおつまみ

kinniku's memo

豚こま切れ肉を使ってもいいです。その時はしっかり火を入れてくださいね。
厚みがあり脂も多いですが、食べごたえがあって美味しいです。
お父さんが酒の肴にする時はこちらの方が(・∀・)イイ! かもです。

■ぜひとも夏場の旨いたこで作りたい

たことオクラの梅肉和え

これに合う！ 日本酒 / 焼酎 / ワイン / ビール

材料(1人分)

刺身用ゆでだこ ………… 60g
（2〜3mm間隔で切り込みを2本入れ、3本目で切り落とす）
オクラ …………………… 2本
長いも ………………… 1.5cm
　　　　　　（小さめの角切り）
えのきたけ …………… 1/2袋
　（石づきを取り、3cm長さに切る）

塩昆布 …………………… 2g
梅干し ……… 1個（細かく刻む）
塩 ……………………… 適量
すし酢 ………………… 大さじ2
薄口しょうゆ …………… 適宜

作り方

1. オクラはガクを切り落とし、たっぷりの塩をつけてこすり、産毛を取る。30秒ゆで、冷水に取り、厚めの斜め切りにする。続けてえのきたけを10秒ほどゆで、冷水で冷ましザルに上げて水気を切る。

2. ボウルにたこ、1、長いも、塩昆布、梅干し、すし酢を入れて混ぜる。好みで薄口しょうゆをかけても。

   ※梅肉の塩気と酸味で味が変わりますので、味を見ながらすし酢で味つけしてください。

さっぱりおつまみ

kinniku's memo

江戸前では「土用のたこは親にも食わすな」と言われるそうで、
これは夏場のたこが旨いってことなんですが、
今回食べた北海道産のたこも旨かったです。美味しい酒の肴でした。

■ 博多の郷土料理を"筋肉流"にアレンジ
「漬け」ごまサバ

材料(3〜4人分)

刺身用サバ ………… 半身 (厚めのそぎ切り)	白すりごま ………… 大さじ1
酢 …………………大さじ1/2	万能ねぎの小口切り、白いりごま、練りわさび、刻み海苔 ………………… 各適量
漬けだれ ……約1/4カップ (作り方はP86参照)	白髪ねぎ ……………… 適宜

作り方

1. サバに酢をかけ、約5分なじませる。

   ※1尾物や半身を使う場合は角切りに近い感じで切るといいです。大きさは12g位、2〜3cm角って感じです。

2. 漬けだれに❶とすりごまを加え、混ぜる。器に盛り、万能ねぎ、いりごま、刻み海苔、わさびを添える。白髪ねぎを添えても。

   ※白髪ねぎの作り方はP129を参照してください。

---

kinniku's memo

(・∀・)私は酒飲みなんで刺身を見ると酒が飲みたくなりますが、刺身の中でもサバは大好物のひとつです。
新鮮なサバを見ると日本酒の燗づけを飲まずにいられません。
今回も酒が進みました。

◼ ぜひとも日本酒で楽しみたい
まぐろと焼きなすの
やまかけ

これに合う！ 日本酒 / 焼酎 / ワイン / ビール

材料(2人分)

刺身用まぐろさく …… 120g (棒状に切る)	すし酢 ………… 小さじ1
なす ……… 1本(約200g)	万能ねぎの小口切り、おろししょうが ………… 各適量
長いも ……………… 100g (繊維に沿って、千切り)	■ **漬けだれ**(よく混ぜる)
しょうゆ ………… 小さじ1	刺身じょうゆ ……… 大さじ2
サラダ油 …………… 適量	みりん、酢 ……… 各大さじ1

作り方

❶ なすは水に15分浸ける。ヘタの下にぐるりと浅く切り目を入れ、身の部分に縦に何本か切り込みを入れ、竹串で何カ所か刺す。

※こうして、蒸気の逃げ道を作ることで、べちゃべちゃにならないようにします。

❷ 魚焼きグリルを熱し、皮が焦げるまでなすを焼く。水に取らずに、熱いうちに皮をむき、一口大に切る。しょうゆをふり、冷蔵庫で冷ます。

※熱いので、指先をぬらしながらむくか、ゴム手袋などをしてむいた方がいいと思います。やけどに注意してくださいね。冷ましてからだと焦げ臭さと皮の紫色がなすに移るので、注意。

❸ 氷水を用意する。フライパンにサラダ油を熱し、まぐろを入れ、全面に軽く色がつくまで焼く。氷水に入れ、2分ほど冷やし、厚手のキッチンペーパーで包んで水気を取る。一口大に切り、漬けだれに15分ほど漬ける。

❹ 長いもはすし酢をふる。

❺ なすと漬けだれと切ったまぐろを混ぜて、器に盛る。万能ねぎをふり、❹を添え、しょうがをのせる。好みで漬けだれをかけても。

さっぱりおつまみ

kinniku's memo

(・∀・)長いもは千切りでなく、すりおろしてとろろにしてもいいですよ。
焼きなすってのはかんたんな料理ですが、
かんたんだからこそ焼き方で味がガラリと変わると思います。

■ 前菜にもぴったりの、おしゃれメニュー
たこと玉ねぎの マリネ

これに合う! 日本酒 / 焼酎 / ワイン / ビール

材料(1人分)

刺身用たこ ……… 60g (薄切り7枚)	セルフィーユ ……… 適量
玉ねぎ、紫玉ねぎ ……… 各1/8個 (薄切りにし、水にさらす)	ケッパー ……… 6粒
赤、黄パプリカ …… 各1/6個 (薄切り)	マリネ液 ……… 1/4カップ (下記参照・市販のものでも可)

作り方

① たこ、玉ねぎ、紫玉ねぎ、パプリカをマリネ液に入れ、約15分漬ける。

② 器に玉ねぎを小高く盛り、周囲にたこを立てかけ、上にパプリカをのせる。セルフィーユをのせ、周囲にケッパーを並べる。

マリネ液

材料(作りやすい分量)

白ワイン ……… 1/4カップ	酢、薄口しょうゆ、砂糖、オリーブオイル ……… 各大さじ2
おろしにんにく、おろししょうが、昆布茶 …… 各小さじ1/2	柚子こしょう ……… 小さじ1
レモン汁 ……… 1/2個分	塩 ……… 小さじ1/2
	黒こしょう ……… 小さじ1/4

作り方

ボウルにオリーブオイル以外の材料を入れて混ぜ、最後にオリーブオイルを少しずつ混ぜる。

※酢はレモンの酸味の効き方で調節、ちょっとすっぱい位がいいです。

さっぱりおつまみ

kinniku's memo

(・∀・)柚子こしょうをぴりっと効かせたマリネ液です。
味はそれほど強くないので素材の持ち味が生きますよ。
柚子こしょうが結構いい仕事をしてくれますよ。

■なすは水にさらさずに冷ますのがコツ

蒸しなすサラダ

これに合う！／日本酒・焼酎・ワイン・ビール

材料（1人分）

なす	1本（200g）
（ヘタを切り取り、ピーラーで皮をむき、水にさらす）	
ミニトマト	適宜
（細かく刻む）	
筋肉料理人特製玉ねぎドレッシング（市販品でも可）	適量
黒こしょう	適宜
刻みねぎ	適宜
けずり節	適宜

作り方

❶ 耐熱皿になすをのせ、ラップをして電子レンジに4分ほどかける。ラップをしたまま冷まし、粗熱が取れたら冷蔵庫で冷やす。

❷ ❶を4等分し、食べやすく切って皿に盛りつける。ミニトマトを添えて、玉ねぎドレッシングをかける。お好みで黒こしょうをふり、けずり節をのせ、刻みねぎを散らしてできあがり。

筋肉料理人特製玉ねぎドレッシング

材料（約400ml分）

玉ねぎ	1/2個（100g）
（細かいみじん切りにする）	
しょうゆ	1/2カップ
酢	1/2カップ
サラダ油	1/2カップ
砂糖	大さじ1
おろしにんにく	小さじ1/4
おろししょうが	小さじ1/4
練りがらし	小さじ1/4
黒こしょう	小さじ1/4

作り方

❶ 玉ねぎは耐熱ボウルに入れラップをかぶせ、電子レンジに2分かける。

❷ ❶を他の材料と一緒にスクリューキャップ付きのびんに入れ、しっかりキャップを締め、ふって混ぜる。

※すぐに使ってもいいですが、15分以上なじませると美味しくなります。
砂糖はお好みで増やしてください。冷蔵庫で1週間くらいはもちますよ。

---

kinniku's memo

これは麺とも合いますよ。ドレッシングに甘さを少し加えて、
麺の上に蒸しなすサラダをのせて食べれば、
暑い夏の昼飯にぴったりだと思います。

さっぱりおつまみ

パックのお刺身が絶品居酒屋メニューに

いわしのおろしポン酢和え

これに合う！ 日本酒 / 焼酎 / ワイン / ビール

材料(2人分)

いわしの刺身 …………… 2尾分	練りわさび ………………… 適量
大根おろし ……… 1/4本分	刻みねぎ ………………… 適量
酢 ………………………… 適量	刻み海苔 ………………… 適量
ポン酢しょうゆ …… 大さじ2	

作り方

① いわしに酢を少量かけて酢洗いしたら、キッチンペーパーで水気をふく。

② 大根おろしの水気を軽く絞り、お好みでポン酢しょうゆを混ぜる。これに①を細かく切って混ぜ、器に小高く盛りつける。わさびを添え、刻みねぎ、刻み海苔を散らしてできあがり。

さっぱりおつまみ

kinniku's memo

クセが強く、苦手な方も多いいわしの刺身ですが、
おろしポン酢和えにすると、随分食べやすくなります。
いわしだけでなく、ぶりやサーモンなどを
同じように料理しても美味しいですよ。

■ ちびちびなめながら、酒を飲みたい

卵黄の
しょうゆ漬け、味噌漬け

味噌漬け

しょうゆ漬け

これに合う！ 日本酒／焼酎／ワイン／ビール

材料（各4個分）

卵黄	8個分
味噌	適量

■ しょうゆ床
しょうゆ、みりん ………… 各1/2カップ

■ 味噌床
味噌 …………………… 2カップ
みりん ………………… 大さじ3

作り方

1. しょうゆ床の材料を混ぜ、卵黄4個分を落とし、冷蔵庫で1〜2日保存し、漬け込む。

2. 味噌床の材料を混ぜ、密閉保存容器に入れる。卵黄を入れるくぼみを作り、3cm幅の短冊に切ったキッチンペーパーをしいて、卵黄4個分を入れる。
   ※キッチンペーパーをしくのは、卵黄を崩さずに取り出すためです。

3. 2の容器の形に合わせて、キッチンペーパーを切り、味噌を塗って、塗っていない部分を下にして卵黄の上にかぶせる。冷蔵庫で1〜2日保存し、漬け込む。
   ※卵は味噌に直接触れないように。できあがった時に表面を味噌で汚さないようにするためです。
   ※しょうゆ漬けは2日目にはかなり色がついています。

さっぱりおつまみ

kinniku's memo

味噌は何でもOK。
しょうゆ漬けはたまりじょうゆを使うと色が良くなります。
1日漬けはご飯のお供に、2日漬けは酒の肴に。

◼ 焼き上がりはふっくらジューシー

だし巻き風卵焼き

これに合う！ 日本酒／焼酎／ワイン／ビール

材料(2人分)

卵 ………………………… 3個
　　　　　（軽く溶きほぐす）
サラダ油 ………………… 適量
大根おろし、明太子 ………
………………………… 各適宜

■ 卵焼きだし（よく混ぜる）
水 ………………… 大さじ3〜5
　　　※慣れないうちは少なめに
砂糖 ………………… 大さじ1
かつお顆粒だし ……………
……………………… 小さじ1/2
昆布茶、塩、薄口しょうゆ …
………………… 各小さじ1/3

作り方

❶ 溶き卵に、卵焼きだしを混ぜる。

❷ 卵焼き器にサラダ油を熱し、❶を1/5量注ぎ、卵が固まってきたら手前から巻く。あいたところに再び❶を1/5量注ぎ、巻いた卵を箸で少し浮かせて、卵液を下に流し入れ、焼けたら巻く。この作業を繰り返す。
※卵液が薄くて巻きにくいので、卵焼き器に十分油をなじませてから。

❸ 巻きすで巻いて、輪ゴムで留めて5分おき、形をととのえる。厚めに切って器に盛り、お好みで大根おろしや明太子などを添える。

さっぱりおつまみ

kinniku's memo

だし巻きは文字通りだしを入れた卵焼きで、
通常の卵焼きにたくさんのだしを入れて巻きます。
だしを入れて巻くので、焼き上がりはふっくらジューシーです。

■作りおきができて、ホントに便利

鶏皮のピリ辛
ポン酢和え

これに合う！ 日本酒／焼酎／ワイン／ビール

材料(2人分)

鶏皮 ……………………… 100g
長ねぎの青い部分 …………
………………………… 1/2本分
しょうがの薄切り ……… 2枚
水 ……………………… 2カップ
酒 ……………………… 大さじ2
大葉、大根おろし、万能ねぎ
の小口切り ………… 各適量
糸唐辛子　　　　　　適宜

■ピリ辛ポン酢しょうゆ
（よく混ぜる）

ポン酢しょうゆ …… 1/2カップ
砂糖 …………… 大さじ1と1/2
豆板醤、おろしにんにく、お
ろししょうが … 各小さじ1/2
かつお顆粒だし ……………
………………………… 小さじ1/4
ごま油 …………………… 少々

作り方

❶ 鶏皮は水でさっと洗ってさっとゆで、流水で洗う。表面に残った毛や脂を包丁でこそげるようにして取り除く。
※(･∀･)鶏皮が大きい時は10cm四方位に切ってからボイルしてください。

❷ 鍋に❶、水、酒、長ねぎ、しょうがを入れて火にかけ、沸騰したら、ふつふつと泡が出てくる火加減にし、アクと脂を除きながら、5〜10分ゆでる。
※(･∀･)途中、箸ですくい上げてかたさを確認。弾力がある方が美味しいと思います。

❸ 火を止め、落とし蓋をしてそのまま冷ます。粗熱が取れたら、水気をきり、長さ5cm、幅3〜5mmに切る。ピリ辛ポン酢しょうゆに30分以上漬け込む。

❹ 器に大葉を敷き、軽く水気を絞った大根おろしをのせ、❸を小高く盛り、万能ねぎを散らす。お好みで糸唐辛子をのせても。

さっぱりおつまみ

kinniku's memo

漬け込んだまま冷蔵庫で1週間位はもちます。
漬け込んで保存する場合はたれにヒタヒタに浸かるようにしてください。
残ったたれは再使用できます。
新しく作ったたれをつぎ足して使ってください。

■ 秋はもちろん、どの季節の晩酌にも

焼ききのこの
昆布おろし和え

これに合う！ 日本酒 / 焼酎 / ワイン / ビール

材料(1人分)

エリンギ ………………… 1本
(根元に十字に切り込みを入れ、手で裂く)

しめじ ………………… 1/4パック
(石づきを取って小房に分ける)

えのきたけ ………………… 1/2袋
(石づきを取って食べやすくほぐす)

大根 ………………… 10cm
(目の細かいおろし金ですりおろし、ザルに入れて自然に水気をきる)

すだち ………………… 1/2個強
(1/2個を薄切りに、残りは取っておく)

万能ねぎの小口切り、
塩昆布、糸唐辛子
(一味唐辛子でもOK) …… 各適量

しょうゆ ………………… 適宜

作り方

❶ 魚焼きグリルを熱し、きのこを並べ、表面に焼き色がつき、汁が出るまで焼く。

※えのきは焼くと、スルメみたいになっちゃいますが、意外や意外!! スルメみたいになったえのきは旨いんです。

❷ 器に薄切りのすだちを花びらのように並べ、❶、塩昆布、大根おろし、塩昆布、万能ねぎ、糸唐辛子の順にのせていく。上から残りのすだちを搾ってかけ、好みでしょうゆを少なめにたらす。

さっぱりおつまみ

kinniku's memo

きのこは好みのものを用意してください。かんたんな料理ですが、素材が良ければかんたんな料理の方が美味しいものです。
お酒が進みますよ〜。

■ ユッケたれ、卵黄でうま味アップ!

いかそうめん
ユッケ風

これに合う！ 日本酒／焼酎／ワイン／ビール

材料（2人分）

刺身用いか	140g
卵黄	2個分
大葉	6枚
刻みねぎ	適量

■ ユッケたれ（2人分）

しょうゆ	大さじ1
コチュジャン	大さじ1
みりん	大さじ1/2
砂糖	大さじ1/2
おろしにんにく	小さじ1/4
おろししょうが	小さじ1/2
ごま油	小さじ1/2
サラダ油	小さじ1
穀物酢	小さじ1/2
白いりごま	小さじ1
黒こしょう	少々

作り方

1. ユッケたれを混ぜ合わせておく。
2. いかの刺身は細く切って2山にわけ丸くまとめ、大葉を敷いた皿にそれぞれ盛る。
3. いかの刺身の中央にくぼみを作り、卵黄を落とし、❶のユッケたれを適量かける。刻みねぎを散らしてできあがり。

さっぱりおつまみ

kinniku's memo

丼飯に刻みねぎ、刻み海苔をたっぷりのせ、
上にこれをのせれば「いかそうめんユッケ丼」になります。
これも、ガッツリ旨いです!!

■ポテサラとなめたけの意外なハーモニー

なめたけ
和ポテトサラダ

材料(4人分)

じゃがいも	2個(300g)
かいわれ大根	1/2パック
(根元を切り、2cm長さに切る)	
なめたけ(びん詰め)	大さじ4
マヨネーズ	大さじ4
砂糖	小さじ1/2

■トッピング用

なめたけ	適量
(塩辛、からし明太子でもOK)	
一味唐辛子	適宜

作り方

❶ じゃがいもは流水で洗い、ぬれたままラップで包む。竹串でところどころ刺し、耐熱皿にのせ、電子レンジに6分ほどかける。竹串がすっと刺さるまで1分単位で追加加熱する。熱が通ったら手早く皮をむく。

※じゃがいもはできれば男爵(メークインでも)。皮をむく時は熱いのでゴム手袋などをしてください。

❷ ❶をボウルに入れマッシャーか木べらでつぶす。熱いうちにマヨネーズ、砂糖、かいわれ大根を混ぜ、余熱でかいわれ大根に熱を通す。これになめたけを混ぜ、味が足りなければ塩(分量外)で味を調える。なめたけ、一味唐辛子をトッピングしてできあがり。

※後でなめたけをトッピングするので薄めの味つけにしておきましょう。

kinniku's memo

なめたけってそのままでも旨いですが、
こうして具材&調味料的に使ってもイケます。
なめたけのほか、塩辛、からし明太子などをトッピングしてもいいですね!

これに合う！ 日本酒／焼酎／ワイン／ビール

魚料理初心者でもすぐにできる！
アジのユッケサラダ

材料(1人分)

刺身用アジ	1尾
卵黄	1個
大根	3cm

(かつらむきにしてから、千切りにして水にさらす。またはスライサーを使っても)

みょうが	1/2個(千切り)
かいわれ大根	1/3パック

(根元を切り、さらに半分の長さに切る)

■ ユッケたれ(よく混ぜる)

おろしにんにく、おろししょうが	各小さじ1/4
刺身じょうゆ	大さじ1
コチュジャン	大さじ1/2
砂糖	小さじ1
酢、ごま油、白いりごま	各小さじ1/2

作り方

1. アジは細く切り、半量のユッケたれと混ぜ合わせる。
2. 大根、みょうが、かいわれ大根を混ぜ合わせて、皿にしく。❶をのせ、中央にくぼみを作り、卵黄をのせる。仕上げに残ったユッケたれをかける。

これに合う! 日本酒 ビール ワイン

生ハムの塩気とうま味でニラを美味しく
ニラの生ハム巻き

さっぱりおつまみ

材料(2人分)

生ハム	4枚
ニラ	1/2束
ラディッシュ	1個
(薄く切る。葉は飾り用として使う)	
すし酢	適量
マヨネーズ	適量
練りがらし	適量
練りわさび	適量
しょうゆ、ポン酢しょうゆ	適宜

作り方

❶ ラディッシュはすし酢に漬けてなじませる。

❷ ニラは束ねたまま耐熱ボウルに入れラップをかぶせる。電子レンジに2分かけ、水にさらして冷まし、水気を手で絞る。
※絞り切れない水気はキッチンペーパーで巻いて吸わせてください。

❸ ❷を半分の長さに切って束ね、これを4等分する。生ハムで巻き、すし酢につけたラディッシュを上にのせる。マヨネーズ、からし、わさびを添えてできあがり。お好みでしょうゆ、ポン酢しょうゆなどをつけても。

これに合う！ 日本酒 / 焼酎 / ワイン / ビール

■ 保存できる食材だけで作る一品

切干し大根とわかめのサラダ

材料(4人分)

切干し大根 …………………… 50g
(たっぷりの水に30分以上浸けて戻す。水気をしっかりと絞る)
乾燥わかめ …………………… 5g
(たっぷりの水で戻し、水気を絞り、ザルに上げる)
筋肉料理人特製玉ねぎドレッシング
(P53参照。市販品でも可) ………… 適量
けずり節 ……………………… 10g
一味唐辛子、七味唐辛子など ………
……………………………… 適量

作り方

① 切干し大根とわかめを混ぜ、食べやすく切る。

② ①を皿に盛りつけ、お好みで玉ねぎドレッシングをかけ、けずり節を天に盛り、一味唐辛子や七味唐辛子をふってできあがり。

kinniku's memo

やわらかめに戻した切干し大根は歯ごたえがあるし、戻したわかめは香りと味がいいですね。
切干し大根自体は風味はあっても味は少ないですが、玉ねぎドレッシングをかけると旨い！

日本酒 / 焼酎 / ワイン / ビール これに合う！

さっぱりおつまみ

■ 独特の食感が楽しめる、きのこの南蛮漬け
しいたけのおろし南蛮

材料(1人分)

- しいたけ …………………… 100g
  (軸を除いた分量。かさを一口大に切る)
- 長ねぎ ……………… 1/2本(50g)
  (斜めに1cm幅に切る)
- 大根おろし ………………… 大さじ3
  (水気を切ったもの)
- 刻みねぎ ……………………… 適量

■ 材料A
- ポン酢しょうゆ …………… 大さじ2
- 砂糖 ………………………… 小さじ1/2
- サラダ油 …………………… 小さじ2
- 鷹の爪 ……………………… 1/3本
  (種を取り、細い小口切りにする)

作り方

❶ しいたけ、長ねぎを耐熱ボウルに入れてラップをして、電子レンジに3分かける。出た水分は捨てる。

❷ ❶に材料Aを加えて混ぜ、粗熱を取る。

❸ 皿に盛りつけ、大根おろしをのせ、刻みねぎを散らしてできあがり。

これに合う！ 日本酒 / ワイン / 焼酎 / ビール

見栄えがいいからホームパーティにも
トマトとモッツァレラチーズのわさびポン酢

材料(2人分)

- モッツァレラチーズ …………… 100g (1.5cm角に切る)
- ブロッコリー …………………… 1/6株
- トマト ………… 1個(1.5cm角に切る)
- 塩 ………………………………… 適量
- けずり節または刻み海苔、マヨネーズ
  ………………………………… 各適量
- ポン酢しょうゆ、練りわさび
  ………………………………… 各適量

作り方

1. ブロッコリーは小房に分け、塩ゆでする。モッツァレラチーズ、トマト、ブロッコリーを混ぜ合わせ、器に小高く盛る。マヨネーズをかけ、けずり節または刻み海苔をのせる。

2. ポン酢しょうゆとわさびを混ぜ、食べる直前に①にかける。

※しょうゆ、オリーブオイル各少々を混ぜても美味しいです。マヨを使わない時は代わりにオリーブオイルを使ってね。

これに合う：日本酒 / 焼酎 / ワイン / ビール

さっぱりおつまみ

■ ダイエットにもいいけど、日本酒にも合う

こんにゃくサラダ

材料(1人分)

刺身用こんにゃく	70g
ちりめんじゃこ	10g
みょうが	1/2個
(千切りにして、水にさらす)	
玉ねぎ	1/4個
(薄切りにして、水にさらす)	
塩	少々
■ドレッシング(よく混ぜる)	
からし酢みそ	大さじ1
すし酢	大さじ1

作り方

❶ こんにゃくは軽く塩もみしてから、ゆでる。冷水に取って、冷ます。ちりめんじゃこはラップをせずに、電子レンジで約30秒加熱する。

※こんにゃくはゆでると、臭みが抜け、歯ごたえがよくなります。また、ちりめんじゃこは加熱すると食感がよくなります。

❷ 器に具材を盛りつけ、ドレッシングをかける。

kinniku's memo

ホントはドレッシングにマヨネーズを加えるとマイルドになり、コクが出るんですが、
カロリーを意識して入れませんでした。
ダイエットにもいいですが、日本酒によく合うメニューです。

【これに合う!】ビール／焼酎／日本酒

■ 板ずりはたっぷりの塩を使うのがポイント

きゅうりとミニトマトのビール漬け

材料（3～4人分）

きゅうり ································· 4本
（塩適量をふって板ずりして水で洗う。ピーラーで縞模様に皮をむく）
ミニトマト ········· 8個（水に浸けておく）
昆布 ··············· 5×5cmのもの1枚
鷹の爪 ································ 1/2本
　　　　　　　（種を取り除き、小口切り）
ビール ······························· 大さじ4
砂糖 ··························· 大さじ2と2/3
塩 ································ 小さじ2強
黒こしょう ···························· 適量

作り方

① ポリ袋に野菜、昆布、鷹の爪、ビール、砂糖、塩、黒こしょうを入れ、空気を抜いて口を閉じる。手でもみ、砂糖と塩をよく混ぜる。きゅうりから水が出て、深い緑色になるまで、半日～1日おく。

② きゅうりは厚めの斜め切りに、昆布は千切りにする。きゅうりをずらしながら器に並べ、真ん中にミニトマトをのせ、昆布を添える。

これに合う！ 日本酒 ワイン 焼酎 ビール

さっぱりおつまみ

■ もやしのシャキシャキあっさり味がイイ！
もやしのスモークサーモン巻き

材料(2人分)

もやし……………………… 1袋(200g)
スモークサーモン ………… 100g
　　　　　　　　　　（3cm幅に切る）
小ねぎ…… 適量(穂先を6cm長さに切る)
レモン …………… 適量(スライスする)
筋肉料理人特製玉ねぎドレッシング
(P53参照。市販品でも可) ………… 適量

作り方

① もやしは耐熱ボウルに入れてラップをし、電子レンジに4分かける。ザルに上げて水気を切り、粗熱が取れたら冷蔵庫で冷やす。

② スモークサーモンをまな板の上に広げる。①を20g程度と、小ねぎをのせ、スモークサーモンでくるりと巻く。

③ レモンの上に②を盛りつけ、玉ねぎドレッシングをかける。

これに合う！　日本酒／焼酎／ワイン／ビール

■ 夏バテ撃退のさっぱりおつまみ

ホタテもずく酢

材料(2人分)

ホタテ刺身用(冷蔵解凍) ……… 100g
　(縦に食べやすい大きさに切る)
もずく …………………………… 100g
かいわれ大根 ………… 1パック(50g)
　(根元を切り、半分の長さに切る)
しょうが …………………… 1/2かけ(5g)
　(皮をむき、細い千切りにする)
ポン酢しょうゆ、または土佐酢 ………
……………………………… 大さじ2

作り方

1. かいわれ大根は耐熱ボウルに入れてラップをして、電子レンジに1分かける。ザルに上げてうちわであおいで冷ます。

2. ホタテ、もずく、しょうが、❶をボウルに入れ、ポン酢しょうゆか土佐酢をかけて混ぜ合わせる。器に盛りつけ、できあがり。

※ホタテの刺身は横方向に切る(輪切りにする)ことが多いですが、縦に切ることで歯ごたえがよくなります。

kinniku's memo

もずくって海藻ですから、だしが出るんですよ。
ポン酢しょうゆや土佐酢で和えると酢に味がしみ出るんです。
それがホタテになじんでイイ感じですよ。

日本酒 ワイン これに合う!

さっぱりおつまみ

■ 市販のすし酢でパパッと!
たこと長いものなます

材料(1人分)

たこの刺身 ………………… 50g
　　　　　（薄く輪切りにする）
長いも ……………………… 50g
（皮をむいて縦方向に薄切りし、千切りにする）
きゅうり …………………… 1/4本
　　（縦方向に薄切りにし、千切りにする）
しょうが …………………… 適量
（皮をむき、薄く切り、極細の千切りにする。切ったら水にさらしておく）
すし酢 ……………………… 大さじ2
薄口しょうゆ、または塩 ……… 適宜

作り方

❶ 小鉢に長いもを盛り、たこの刺身を立てかけるように盛り、横にきゅうりを添える。

❷ しょうがの水気を絞って上にのせ、すし酢をかける。すし酢は甘めなので、お好みで薄口しょうゆ、または塩を加え、味を調えてできあがり。

kinniku's memo

ちょっとしたおつまみ、口直しに嬉しい酢の物も、
市販のすし酢を使えばあっという間に作れます。
スピードメニューですから、材料は細く、薄く切るとすし酢のなじみが早いです。

これに合う！ 日本酒 ワイン

アスパラガスは太くてみずみずしいものを
アスパラガスの明太おろし

材料（1人分）

グリーンアスパラガス ………… 2本
（根元を少し切り、穂先1/3を残してピーラーで皮をむく。これを5cm長さに切る）
からし明太子 ……………… 15g
（皮から出し、少量分けておく）
大根 ………………………… 7cm
（皮をむき大根おろしを作り、ザルに上げて水気を切り、手で軽く絞る）
すし酢 ………………… 大さじ1
マヨネーズ ……………………… 適量

作り方

1. 鍋に湯を沸かし、塩をひとつまみ（分量外）入れる。アスパラガスの茎の方から湯に入れ、歯ごたえが残る位にゆがき、冷水に取って冷ます。冷めたらザルに上げておく。

2. 明太子と大根おろし、すし酢を混ぜる。これと1を混ぜ、小鉢に盛りつける。分けておいたからし明太子を飾りにのせ、マヨネーズで線を引いてできあがり。

kinniku's memo

大根おろしとマヨネーズの組み合わせは、ドレッシングがかかっていると思ってください。
マヨネーズはディスペンサーを使うときれいな線が引けますよ。

■ ツルツルっとした食感も楽しい

オクラとえのきのピリ辛漬け

さっぱりおつまみ

材料(3人分)

オクラ	10本
えのきたけ	1袋
(石づきを取り、食べやすくほぐす)	
塩	適量
■ 漬け汁(よく混ぜる)	
鷹の爪	1本(種を取り除き、小口切り)
昆布	2×5cmのもの1枚
麺つゆ(2倍濃縮)	1/2カップ
水	1/4カップ
すし酢	大さじ1

作り方

❶ オクラはガクを切り落とし、たっぷりの塩をつけてこすり、産毛を取る。

❷ 沸騰した湯に❶とえのきたけを入れ、オクラは5〜10秒、えのきたけはしんなりするまで約10秒ゆで、冷水に取る。オクラの水気をきり、えのきたけは手で水を絞る。

※(・∀・)冷水で冷まさないとオクラの緑が飛んじゃうから、注意してね。

❸ 漬け汁に❷を入れ、一晩おく。

❹ オクラは斜め切りにし、えのきたけとともに器に盛る。

これに合う! 日本酒 焼酎

■ 大酒飲みもきっと満足する刺激的な味!

げそのしょうゆ漬け

材料(2人分)

刺身用いかの足 ················ 1杯分
大葉 ································ 1枚
練りわさび ······················ 適量
■ たれ(よく混ぜる)
しょうゆ、みりん ············ 各大さじ2
豆板醤 ···························· 適量

作り方

① いかの足は1本ずつ切り分け、たれに一晩漬ける。

② 器に大葉を敷き、①を小高く盛り、わさびを添える。

※いかの吸盤が気になる場合は、包丁で切り取るか、スプーンでこそげ取ります。

kinniku's memo

たれはみりんを煮切らないで使っていますので、
アルコールの刺激が強く、大酒飲みには、この刺激が結構よかったりするんです。
気になる場合はしょうゆ2:煮切りみりん1:みりん1の割合がいいと思います。

これに合う！ 日本酒 / 焼酎 / ワイン / ビール

さっぱりおつまみ

■ いつもの冷奴を薬味でもっと美味しく
薬味ポン酢奴

材料（1人分）

絹豆腐 ………………………… 1/2丁
（3等分して皿にのせ、冷蔵庫で15分以上水切りする）
いかの塩辛 ……………… 大さじ1
トマト ……………………… 1/4個
　　（熱湯に浸けて湯むきし、5mm角に切る）
玉ねぎ ……………………… 1/4個
　　　　　　　　（3mm位のみじん切り）
にんにく ……1かけ（細かいみじん切り）
ポン酢しょうゆ ………………… 適量
ラー油、ごま油、オリーブオイル ……
……………………………………… 適宜

作り方

❶ トマト、玉ねぎ、にんにくをそれぞれ別の小皿に入れ、ポン酢しょうゆをひたひたに入れる。このまま30分以上なじませる。

❷ 豆腐の上にいかの塩辛をのせ、❶をそれぞれかけていただく。お好みでラー油、ごま油、オリーブオイルなどをかける。

これ が 合う！ 日本酒 焼酎

■ アボカドはよく熟したものを使って
アボカドと長いもの刺身

材料(1人分)

アボカド(熟したもの) ……………… 1/2個
(縦にぐるりと切れ目を入れて半分に割る。
種は包丁の刃元を刺し、ひねって取る。実は
スプーンで取り、5mm幅に切る)
長いも ………………… 3cm(半月切り)
練りわさび、しょうゆ ………… 各適量
レモン、ミニトマト …………… 各適宜

作り方

1. アボカドと長いもを皿に盛り、わさびとしょうゆをつけていただく。あればレモンやミニトマトを添えて。

kinniku's memo

作り方っていうほど、大したコツはありませんが、
あえて言うと、「よく熟したアボカドを選ぶこと」。これに尽きると思います。
アボカドを選ぶ時は、「棚の片隅で売れ残っているものを選ぶ」。これが一番でしょう。

これに合う！ 日本酒 焼酎 ワイン ビール

■ 牡蠣の生食といえば、やっぱりコレ！

酢牡蠣

さっぱりおつまみ

材料（1人分）

生食用牡蠣 ……………… 1パック
　　　　　　　　（3％の塩水で洗う）
レモンの薄切り ………………… 2枚
大根おろし、もみじおろし、
万能ねぎの小口切り ………… 各適量
■ **合わせ酢**（よく混ぜる）
酢 ………………………………… 大さじ2
だし汁 …………………………… 大さじ2
しょうゆ ………………………… 大さじ1
煮切りみりん ………………… 大さじ1/2
（沸騰させてアルコールを飛ばしたみりん）

作り方

❶ 器に大根おろしともみじおろしを重ねて盛り、レモンの薄切りを立てかける。牡蠣を盛り、万能ねぎを添え、合わせ酢をかける。

※合わせ酢の代わりにポン酢しょうゆでもいいですよ。

筋肉料理人の「裏ワザ」教えます ❶

時間が経ったものを美味しく
半額刺身アレンジ

半額刺身は作ってから時間が経っていることが多く、
やっぱりイマイチだなあと思った経験ありませんか?
そんな時はひと手間かけて食べるのがおすすめです。
ここでは、そのひと手間テクニックをお教えします!

半額刺身で

酢で洗うのがポイント!
お刺身のキムチ和え

材料(1人分)

お好みの刺身 …………… 80g
　　　　　　　(写真はアジ)
白菜キムチ ……………… 40g
　　　　　　　(一口大に切る)
酢水 ……… 酢、水各大さじ1
刻みねぎ、刻み海苔、白いりごまなど ……………… 適宜

■ 材料A(混ぜておく)
しょうゆ …………… 大さじ1
コチュジャン ……… 小さじ1
日本酒 ……………… 小さじ1
にんにく …………… 1/4かけ
　　　　　　　　　　(薄切り)

作り方

1. 刺身を酢水にさっとくぐらせてキッチンペーパーにのせ、水気を取る。
2. ボウルに刺身を入れ、材料Aを加えて混ぜる。5分なじませる。
3. キムチを2に加えて混ぜる。小鉢に小高く盛り、刻みねぎ、刻み海苔、白いりごまなど、お好みでのせていただく。

半額刺身アレンジ

kinniku's memo

刺身ってのは、とれとれの新鮮なのをわさびじょうゆで食べるのが一番旨いと思いますが、時間が経ってしまった時は、こうしてひと味変えて丼飯の上にのせたり、茶漬けにするといいですよ。

材料(1人分)

- はまちの刺身 ……………… 70g
  (やずやいなだでも可)
- オクラ …………………………… 30g
- 戻したわかめ(生食用) ‥ 30g
  (一口大に刻む)
- わさび、白いりごま ‥ 各適量

■漬けだれ
- しょうゆ ………………… 大さじ1
  (あれば刺身じょうゆか、たまりじょうゆ)
- みりん …………………… 大さじ1
- 日本酒 …………………… 大さじ1
- 昆布茶 ………………… 茶さじ1/2

作り方

1. 耐熱ボウルに漬けだれの材料を入れ、ラップをせず電子レンジに1分以上かけ、半量になるまで煮詰める。
2. ①が冷めたら刺身を加え、冷蔵庫で15分なじませる。
3. オクラは塩(分量外)をまぶして産毛をこすり取り、耐熱容器に入れてラップをして電子レンジに40秒かける。水に浸けて冷まし、3mm幅の小口切りにする。
4. 皿に、②、③を並べて盛りつける。白いりごまを散らし、わかめ、わさびを添えてできあがり。

---

kinniku's memo

魚の刺身はたれに漬け込むことで、独特の熟成されたような奥深い味になります。これにわさびを少しのせるとさらに深い味わいに。

「漬け」にすると刺身が生き返る!
はまち漬け刺し

半額刺身で

半額刺身アレンジ

寿司が余った時は迷わずコレ!
残ったにぎり寿司で蒸し寿司

半額寿司で

材料(2人分)

市販のにぎり寿司 …… 300g
　　　　　　　(10〜12貫)
日本酒 ………… 大さじ1/2
針しょうが ………………10g
(皮をむいたしょうがを、細かい千切りにして水にさらす)
小ねぎ ……………… 適量
　　　　　　　(刻んでおく)

■たれ
しょうゆ ………………大さじ2
みりん …………………大さじ2
日本酒 …………………大さじ2
砂糖 ……………………大さじ2

作り方

❶ 鍋にたれの材料を入れ、強火でとろみがつくまで煮詰める。

❷ にぎり寿司を耐熱皿に並べ、日本酒を寿司ネタに塗るように回しかける。針しょうがを散らしてラップをして、電子レンジに5〜6分、寿司ネタに熱が通るまでかける。

❸ ❷に❶のたれを塗り、小ねぎ、針しょうがを散らしてできあがり。

半額刺身アレンジ

kinniku's memo

半額のお寿司、勢いで買ってしまったけど、ちょっとかたくなってる……。そんな時は蒸し寿司にしてみましょう。ふんわりしますよ。意外な美味しさに驚かれるでしょう。

第二章

グイグイ飲みたい時の
こってりおつまみ

ガツンとボリュームがあっておかずにもなる居酒屋メニューは
ビール片手にもりもり食べるのも最高ですバイ(・∀・)

■ 合計10分足らずの加熱時間でここまで!

ふんわり
月見鶏つくね

これに合う！ 日本酒 / 焼酎 / ワイン / ビール

材料(2人分)

鶏ひき肉 …………… 150g
玉ねぎ ……… 1/2個(100g)
　(小さめのみじん切りにする)
卵黄 ………………… 1個分
刻みねぎ ……………… 適宜
一味唐辛子または粉山椒‥
………………………… 適宜

■ 材料A

おろししょうが ‥‥ 小さじ1/2
片栗粉 ……………… 大さじ1
サラダ油 …………… 大さじ1
日本酒 ……………… 大さじ1
塩 ………………… 小さじ1/5

■ たれ

しょうゆ …………… 大さじ3
みりん ……………… 大さじ3
砂糖 …………… 大さじ1と1/2
日本酒 ……………… 大さじ3

こってりおつまみ

作り方

1. 玉ねぎは耐熱ボウルに入れ、ラップをして電子レンジに2分かけ、冷ましておく。

2. 鶏ひき肉、❶、材料Aをボウルに入れ、粘りが出るまで混ぜる。

3. 耐熱皿にサラダ油(分量外)を薄く塗り、❷を6等分し、丸めてのせる。ラップをして、電子レンジに5分かける。3分ほどそのままおき、余熱で熱を通す。

4. ❸の鶏つくねを取り出し、耐熱皿に残った肉汁にたれの材料を加え、ラップをせずに電子レンジで加熱し、半量になるまで煮詰める。たれに鶏つくねをひたし、皿に盛りつける。卵黄を添え、お好みで刻みねぎ、一味唐辛子、粉山椒などをふってできあがり。

kinniku's memo

鶏つくねは玉ねぎを多めに使い、サラダ油、
片栗粉を練り込むことで、しっとり、やわらかく仕上がります。
とても電子レンジで作ったとは思えない美味しさですよ。

酒のつまみはもちろん、おやつにも

チーズさくさく焼きせんべい

材料(1人分)

ピザ用チーズ ………… 70g	ベーコン ……… 1枚(細く切る)
クラッカー ……………… 6枚	黒こしょう ……………… 適量
(ビニール袋などに入れて粗く砕く。麩、クルトン、細かく切ったバゲットなどでも可)	ケチャップ ……………… 適量
	マヨネーズ ……………… 適量
	乾燥パセリ ……………… 適量

作り方

❶ ベーコン、クラッカーをボウルに入れ、チーズを加えて混ぜる。

❷ フライパンにサラダ油(分量外)を薄くひき、❶を広げ、黒こしょうをふる。チーズが溶けだすまでは強火、溶けだしてからは弱火で焼く。

❸ 上の方までチーズが溶け、裏に焼き目がついてきたら鍋蓋にすべらせて移し、フライパンをかぶせて一気に返す。反対側も最初は強火、チーズが溶けてきたら弱火にして焼く。両面に焼き目がついたら6等分にカットしてできあがり。皿に盛りつけ、ケチャップ、マヨネーズを添え、パセリをふっていただく。

こってりおつまみ

kinniku's memo

焼き目がついたチーズのコク、ベーコンのうま味、
クラッカーのさくさくがとってもいいです。
クラッカーの代わりに麩を使っても美味しいです。
麩を使う時は、おさえずに焼くのがコツです。

■ じっくり焼いて玉ねぎの甘みを引き出して
玉ねぎの照り焼き

材料(1人分)

玉ねぎ ……………………………
……1cm厚さのスライス2枚
サラダ油 ………… 大さじ1/2
マヨネーズ、けずり節 ………
………………………………各適量
さやえんどう …………… 適宜

■ **合わせ調味料**(よく混ぜる)
しょうゆ、みりん、酒 …………
…………………………各大さじ1

作り方

① 玉ねぎはバラバラにならないように、つま楊枝を刺す。フライパンにサラダ油を熱し、串を抜かずに玉ねぎを入れる。両面に焼き色がついたら、合わせ調味料を加えて煮詰めながら、玉ねぎにからめる。

② 器に①を串を抜いて盛り、あればゆでたさやえんどうを添える。マヨネーズをかけ、けずり節をのせる。

---

kinniku's memo

玉ねぎを焼いたら旨いですよね。
お好みで一味唐辛子か粉山椒をふってください。ひと味変わります。
こういうつまみはビールに合っていいですね〜。

■おつまみの鉄板・塩たれを上手に使って

長ねぎの
塩たれ炒め

材料(1人分)

長ねぎの白い部分 …… 1本	塩たれ(市販品) ………………………… 大さじ2と2/3
(5cm長さに切る)	
しめじ …………… 1/4パック	マヨネーズ ……………… 少々
(石づきを取り、小房に分ける)	けずり節 ………………… 適量
サラダ油 ………… 大さじ1/2	レモン、糸唐辛子 … 各適宜

作り方

① フライパンにサラダ油を熱し、長ねぎを入れて、軽く色がついたら弱火にする。しめじを加えて、軽く炒める。

② ①に塩たれを入れ、強火にして軽く煮立たせ、塩たれをからめる。

③ 器に②の長ねぎとしめじを分けて盛り、長ねぎにマヨネーズをかけ、けずり節をのせる。お好みでレモンを搾ったり、しめじに糸唐辛子をのせても。

kinniku's memo

ここ数年、塩たれ味が流行していまして、居酒屋さんのメニューを見ると、たいていの店で塩たれを使ったメニューがあると思います。塩たれは焼肉、野菜炒めなどにも使えます。

■ 手作りマヨたれで、冷凍えびを美味しく

えびのからしマヨ焼き

これに合う！ 日本酒 焼酎 ワイン ビール

材料(1人分)

冷凍むきえび	6尾(70g)
ブロッコリー	1/5株
	(小房に分ける)
長いも	80g(太めの角切り)
にんじん	少々(薄切り)
まいたけ	1/4パック
(石づきを取り、食べやすくほぐす)	
卵白	1個分
塩、こしょう	各少々
小麦粉	適量
サラダ油	大さじ1

■ **マヨたれ**(よく混ぜる)

マヨネーズ	大さじ2
コチュジャン	大さじ1/2
砂糖、練りがらし、おろしにんにく	各小さじ1/2

作り方

❶ えびは流水で解凍し、小麦粉と酒各少々(分量外)でもみ洗いし、背わたを除く。ブロッコリーはさっとゆでる。

❷ 卵白をホイッパーでふんわりするまで泡立てる。えびに塩、こしょうをし、小麦粉をまぶし、卵白のころもをつける。

❸ フライパンにサラダ油を熱し、❷の両面をこんがり焼き、いったん取り出す。強火にして、長いも、ブロッコリー、にんじん、まいたけの順に炒める。野菜に軽く焼き目がついたら、えびを戻し入れ、マヨたれを加えて混ぜ、香りが立ったら火を止める。

こってりおつまみ

kinniku's memo

安くて美味しいものを作らなければいけない居酒屋さんにとって、冷凍むきえびは必需品。スーパーの冷食コーナーで手軽に買える袋詰めを使った、プリプリえびマヨは最高ですよ!

■ 酒の肴はもちろん、白いご飯にも
鶏のフライパン
照り焼き

これに合う！ 日本酒 / 焼酎 / ワイン / ビール

材料(2人分)

鶏もも肉 ………… 2枚(400g)
(皮を下にして、包丁の刃先で筋をところどころ切る。皮は数カ所穴を開ける)
万能ねぎの小口切り ……………………………… 適量
塩、こしょう ………… 各少々
しょうゆ、みりん、ポン酢しょうゆ ……………… 各大さじ3
サラダ油 ………………… 少々
砂糖 ………………… 大さじ3

作り方

❶ 鶏肉の両面に塩、こしょうをする。しょうゆ、みりん、ポン酢しょうゆを混ぜ合わせたものに、30分ほど漬け込む。

❷ フライパンにサラダ油を強火で熱し、皮目から焼く。裏も軽く焦げ目がついたら、漬け汁を入れる。砂糖を加えて、蓋をして3分ほど強火で蒸し焼きにする。
※たれのみりんと砂糖の糖分が焦げます。適度な焦げは旨みになりますが、焦げすぎないように焼き目をつけてください。

❸ 中まで火が通ったら、食べやすく切る。器に盛り、万能ねぎを散らす。フライパンに残った煮汁を煮詰めてかけても。

こってりおつまみ

kinniku's memo

強火で短時間加熱しましたのでやわらかく仕上がり、とても好評でした。
これを作りおき惣菜にする時は、煮汁が煮詰まるまで煮るとよいです。
かたくなり、味も濃くなりますが、日持ちします。

■ 香ばしい焼き加減がビールにGOOD
手羽先の甘辛焼き

材料(1人分)

鶏手羽先 ……………… 4本
白いりごま ……………… 適量

■ 煮汁
しょうゆ、みりん、酒 ……………… 各大さじ1
砂糖 ……………… 大さじ1/2
水 ……………… 120ml
鷹の爪 ……… 1/2本(種を取る)

■ つけ合わせ
ベビーリーフ、水菜、キャベツ、レタス、トマトなど好みの野菜 ……………… 適宜

作り方

❶ 鍋に手羽先、煮汁の材料を入れ、強火にかける。沸騰したら、アクを除き、落とし蓋(アルミホイルなどでも)をして、火加減を落として約15分煮る。
※落とし蓋の下で沸騰した煮汁が回る位の火加減にします。途中煮汁が減ったら、水か酒を足して焦げないようにしてください。

❷ 落とし蓋をはずし、強火にして、焦げないように鍋を揺する。煮汁を手羽先にからめながら、水分がほとんどなくなるまで煮詰めて、冷ます。
※できれば一晩おいた方が、より味がしみて美味しいです。

❸ ❷にごまをふり、魚焼きグリルで両面を焼き、器に盛って、つけ合わせの野菜を添える。

kinniku's memo

手羽先はいろいろな料理に使えて美味しく、しかも、
お値段が安い(・∀・)!! 私、鶏肉好きなんでいつも冷凍庫に入ってます。
手羽先を甘辛く煮て、それを一度冷まし、味をなじませてから焼きます。

■エリンギをぶつ切りにするのがポイント

ホタテとエリンギの バターしょうゆ焼き

これに合う！ 日本酒 / 焼酎 / ワイン / ビール

こってりおつまみ

材料(1人分)

ボイルホタテ(中) ……… 70g
エリンギ ………………… 1本
(太めのもの。1cm厚さにぶつ切りにする)
オクラ …………………… 3本
(ガクを切り取る)
赤ピーマン ………… 小1個
(縦半分に切り、ヘタと種を取って3mm幅に切る)
バター …………………… 5g
サラダ油 …………… 大さじ1
塩 ………………………… 適量
黒こしょう ……………… 適量
パセリ …………………… 少々

■ 材料A(混ぜておく)

砂糖 …………… 大さじ1/2
しょうゆ ………… 大さじ1
日本酒 ……… 大さじ1と1/2
片栗粉 ………… 小さじ1/2

作り方

❶ オクラは塩をまぶしてこすり、産毛を取る。塩を洗い流し、斜めに3等分する。

❷ フライパンにサラダ油を入れて強火で熱し、エリンギを炒める。焼き目がついたら、オクラ、赤ピーマンを加えて炒める。さらにホタテ、バターを加えて炒める。

❸ バターがからんだら材料Aを加え、手早く炒め合わせる。黒こしょうをふって味見をし、足りなければ塩をふって味を調える。皿に盛りつけ、パセリを散らしてできあがり。

kinniku's memo

ぶつ切りにしたエリンギとホタテの外観が似てるので、食べてみて、あれ？って感じになります。エリンギは普通、縦に裂くんですが、ぶつ切りにするとエリンギとは思えないような面白い食感になりますよ。

■ 定番おかずがキムチで酒のつまみに変身

キムチ肉豆腐

これに合う！ 日本酒／焼酎／ワイン／ビール

材料(4人分)

牛こま切れ肉	400g
木綿豆腐	1丁

(12等分する)

糸こんにゃく	1袋

(180〜200gを食べやすいように、ザクザクと切る)

長ねぎ	1本

(斜めに1cm幅に切る)

白菜キムチ	200g

(斜めに1cm幅に切る)

ごま油	大さじ1

■ 材料A(混ぜておく。しょうゆ、砂糖は少なめに入れておき、後で調整する)

しょうゆ	大さじ2〜4
砂糖	大さじ2〜4
日本酒	大さじ2
水	1カップ

作り方

① フライパンにごま油を熱し、強火で糸こんにゃくを炒める。糸こんにゃくがシャキッとしてきたらキムチを加えて炒める。材料Aを入れ、豆腐、長ねぎを加える。

② 沸騰したら牛肉をほぐしながら加える。煮汁をおたまですくい、豆腐に回しかけながら5分ほど中火で煮る。途中、味を見て、足りなければしょうゆと砂糖を加える。味が調ったらできあがり。

こってりおつまみ

kinniku's memo

普通の肉豆腐もいいですが、キムチを入れるとうま味と辛味がいいですね。レシピは割とあっさりめの味つけですが、煮汁にコチュジャンなどを加えるのもいいでしょうね。

■ 卵は箸でつかめる位の半熟がベスト

ベーコンニラ玉

材料（2人分）

卵	3個
ニラ	1/2束
	（5cm長さに切る）
ベーコン	50g
	（3cm幅に切る）
サラダ油	大さじ1
ごま油	大さじ1
日本酒	大さじ1
塩	適量
黒こしょう	適量
しょうゆ	適宜

作り方

① 卵をボウルに割り入れ、日本酒と塩少々を加え、軽く混ぜる。

② 中火にかけたフライパンでベーコンを炒め、脂を出す。焼き目がついたら皿に取る。

③ 同じフライパンにごま油を入れてニラを炒め、火が通ったら別皿に取る。

④ 水がしたたる位湿らせた布巾をコンロの横に用意する。

⑤ フライパンにサラダ油を入れて強火にかける。熱くなったら①を入れ、時々混ぜながら炒め、好みのかたさに近づいてきたら、フライパンを④の上にのせて冷ます。③を混ぜ、皿に盛りつける。上に②を盛りつけ、黒こしょうをふりかけてできあがり。お好みでしょうゆをかけていただく。

kinniku's memo

ニラ玉は塩・こしょうだけでも旨いものですが、
ほんの少しのしょうゆが味を締めてくれて超美味しい。
ベーコンで味を補強してるからパンチもあって、
ビールがいけるいける！

■強火でさっと炒めるのが旨さの秘訣
ホタテとニラの
にんにくじょうゆ炒め

材料（2人分）

冷凍ベビーホタテ	150g

（半解凍する）

もやし ……………………… 1/2袋
ニラ ………………………… 1/2束
　（水にさらし、5cm長さに切る）
にんにくの薄切り … 1かけ分
鷹の爪 ……………………… 1/2本
　（種を除いて小口切りにする）
サラダ油 …………… 大さじ1/2
塩、こしょう …………… 各少々

■ **材料A**（よく混ぜる）
しょうゆ、みりん … 各大さじ1
酒、砂糖 ……… 各大さじ1/2
片栗粉 …………… 小さじ1/3

作り方

① フライパンにサラダ油を熱し、にんにく、鷹の爪を入れる。※焦がしすぎないように注意してください。
にんにくの香りが立ったら、強火にして、ホタテを炒める。

② ホタテに軽く焼き色がついたら、もやしを加えて軽く炒める。ニラを入れて軽く混ぜ、材料Aを入れて混ぜる。味が足りなければ塩を加え、仕上げにこしょうをふる。

kinniku's memo

(･∀･)注意する点は炒めすぎないことです。
ホタテも野菜も、炒めすぎると美味しくありません。
強火でさっと炒めてください。
たれに片栗粉を入れていますので、よくからんで美味しいですよ。

■ ポン酢しょうゆ効果！ 短時間で肉がやわらかに

豚カルビの
ポン酢しょうゆ照り煮

材料(2人分)

豚カルビ ············· 250g
(2cm間隔で骨に当たるまで切り目を入れる)
じゃがいも ····· 小2個(250g)
(皮をむき、小さめの一口大に切る)
にんにく ················ 1かけ
　(皮をむいて包丁などでつぶす)
サラダ油 ············· 小さじ1
緑の野菜、小ねぎ、水菜 ·····
································· 適宜

■ 材料A

鷹の爪 ········ 1/2本(種を取る)
ポン酢しょうゆ ········· 85ml
オレンジマーマレード ········
····························· 大さじ3
砂糖 ···················· 大さじ1
日本酒 ············· 1/4カップ
水 ···················· 3/4カップ

作り方

1. 鍋にサラダ油とにんにくを入れて強火にかけ、焼き目をつける。豚カルビを入れ、焼き目がついたらじゃがいもを加え、炒め合わせる。

2. 材料Aを加え、煮立ったらアクをすくう。落とし蓋をして中火で15分煮る。

3. 落とし蓋をはずし、強火で煮詰め、煮汁に少しとろみがついたらできあがり。皿に盛りつけ、緑の野菜、小ねぎの穂先、水菜の葉などを飾りに添える。

kinniku's memo

ポン酢しょうゆで煮るってのが意外なところですが、いい感じに味が入り、酢の効果で短時間で肉がやわらかくなります。
臭みもおさえてくれるので、美味しく食べやすくなりますよ。

これに合う！ ビール／ワイン／焼酎／日本酒

■ シンプルなのにしみじみ旨い!!
えのきバター目玉のっけ

材料(1人分)

えのきたけ ………………… 1/2袋
　　(石づきを取り、食べやすくほぐす)
三つ葉 ………………………… 4本
　　(茎と葉に分け、茎は5cm長さに切る)
卵黄 …………………………… 1個分
バター ………………………… 10g
酒 ……………………………… 大さじ1
薄口しょうゆ ……………… 小さじ1/2
塩、こしょう ……………… 各少々

作り方

❶ フライパンにバターを溶かし、えのきたけを炒める。バターがからんだら、酒、薄口しょうゆを加える。三つ葉の茎を加え、塩、こしょうをする。
※(･∀･)バターの塩気で味が変わるから、味見しながら調節してね。

❷ 皿に三つ葉の葉を散らし、❶を盛り、上に卵黄をのせる。

kinniku's memo

えのきバターって、バターで炒め、塩とこしょうしただけなのにしみじみ旨い!!
おうちでもかんたんに作れるのに居酒屋でも人気っていう、
ある意味、すごい料理ですよね～。

■ ごぼうの香りが効いて、ビールにも合う
豚肉の柳川風

材料（1人分）

豚こま切れ肉（部位はお好みで） ……… 80g（食べやすく切る）
ごぼう ……………………………… 70g
（ささがきにして、水にさらす）
長ねぎ …………………………… 1/2本
（白い部分は厚めの斜め切り、青い部分は千切り）
卵 …………………… 2個（溶きほぐす）
だし汁 ……………………… 大さじ4
しょうゆ、みりん、酒 …… 各大さじ1
砂糖 ……………………… 大さじ1/2
一味唐辛子または粉山椒 …… 適量

作り方

❶ 小さいフライパンにごぼう、だし汁、しょうゆ、みりん、酒、砂糖を入れて、火にかける。沸騰したら、豚肉、長ねぎの白い部分を加え、再び沸騰したら、アクを取る。

❷ 卵を回し入れ、長ねぎの青い部分をのせ、蓋をして火を止め、そのまま30秒ほど蒸らす。

❸ 器に盛り、一味唐辛子または粉山椒をふる。

■ チーズとの相性がいい食材でワインが進む

きのこ、ベーコン、ミニトマトのチーズ焼き

材料(1人分)

ベーコンブロック	50g
	(拍子木切り)
エリンギ	1/2本(縦に細く手で裂く)
しめじ	1/4パック
	(石づきを取り、小房に分ける)
えのきたけ	1/2袋
	(石づきを取り、食べやすくほぐす)
ミニトマト	3個
粉チーズ	適量
オリーブオイル	大さじ2
塩	少々
黒こしょう	適量
パセリのみじん切り	適量

作り方

❶ アルミホイルを長方形の皿形に折り、きのこ、ベーコン、ミニトマトの順にのせる。オリーブオイルを回しかけ、塩と黒こしょうをふる。

❷ オーブントースターで軽く焼き目がつくまで焼き、粉チーズをかける。オーブントースターに戻し、さらに焼く。

❸ チーズに焼き目がついたら、アルミホイルごと皿にのせ、パセリを散らす。

これに合う！ 日本酒／焼酎／ワイン／ビール

こってりおつまみ

■ コチュジャンと豚ひき肉でコクとパンチを
カリカリ豆味噌

材料（5～6人分）

いり大豆	100g
豚ひき肉	100g

■ 材料A

味噌	100g
コチュジャン	10g
砂糖	50g
みりん	1/4カップ
おろしにんにく	小さじ1/4
おろししょうが	小さじ1/4

作り方

❶ 厚手の鍋に豚ひき肉を入れ中火で混ぜながら炒める。火が通り脂が出てきたら、キッチンペーパーで吸い取る。

❷ ❶に材料Aを加え、木べらで混ぜながら加熱する。ふつふつと泡が出る位の火加減で練り、もとの味噌より少しやわらかい位まで練る。
※味噌がはねるとやけどするので注意してください。

❸ 好みのかたさになったら大豆を加え、さっくり混ぜてできあがり。

これに合う！ 日本酒 / ワイン / 焼酎 / ビール

■ チンゲンサイの食感にやみつき

チンゲンサイのにんにくベーコン炒め

材料(1人分)

チンゲンサイ ………………… 1株
(約15分水に浸し、葉と軸に分け、一口大に切る)
ベーコンブロック ………………… 50g
(5mm幅に切る)
にんにく ………………… 1かけ(薄切り)
鷹の爪 … 1本(種を取り除き、小口切り)
サラダ油 ………………… 大さじ1
■ 合わせ調味料(よく混ぜる)
しょうゆ、みりん、酒 …… 各大さじ1
砂糖 ………………… 大さじ1/3
片栗粉 ………………… 小さじ1/3

作り方

❶ フライパンにサラダ油を熱し、にんにく、鷹の爪、ベーコンを炒める。
※にんにく、ベーコンを焦がさないように。

❷ チンゲンサイの軸を入れて炒め、火が通ったら、葉を炒める。強火にし、合わせ調味料を加え、強火で炒めて水分を軽く飛ばす。
※合わせ調味料の片栗粉が沈みますので、加える直前にも混ぜてください。

焼酎 ビール これに合う!

こってりおつまみ

塩たれで炒めると、ビールに合う合う!
たけのこの塩たれ炒め

材料(1人分)

豚こま切れ肉	50g
たけのこ水煮	150g(薄切り)
にんじん	1/4本(細切り)
ピーマン	1個(千切り)
きくらげ	少々
	(水で戻して、千切り)
サラダ油	大さじ1/2
塩たれ(市販品)	大さじ2
塩、こしょう	各少々

作り方

❶ フライパンに強火でサラダ油を熱し、豚肉、たけのこ、にんじんの順に炒める。

❷ たけのことにんじんに火が通ったら、ピーマン、きくらげを加え、塩たれをかけてさっと炒める。

※ピーマンに火を通しすぎないのがポイントかな。

❸ 味を見て、塩、こしょうで味を調える。

kinniku's memo

根元の方はかたいので、刻んでたけのこご飯に使うといいんですが、
薄く切って炒めても美味しいです。たけのこ料理っていうと、
日本酒ってイメージですが、塩たれで炒めるとビールに合う料理になりますよ。

■ 油と相性のいいなすでビールのお供に

なすと豚肉の味噌豆腐炒め

材料(2人分)

豚こま切れ肉	100g
木綿豆腐	1/4丁
なす	大1本(200g)

(一口大に切って、水にさらす)

万能ねぎの小口切り	適量
長ねぎ	5cm

(白髪ねぎにする)

サラダ油	大さじ2
塩、こしょう	各適宜

■ 合わせ味噌(よく混ぜる)

味噌、砂糖	各大さじ1
テンメンジャン	小さじ1/2
豆板醤	小さじ1
ごま油	小さじ1

作り方

❶ なすの水気をきり、サラダ油大さじ1をかけ、ラップをせずに電子レンジで約2分加熱する。豆腐も約1分加熱する。

❷ フライパンにサラダ油大さじ1を熱し、なすと豚肉を炒める。豚肉の色が変わり、なすがとろっとしたら、豆腐と合わせ味噌を入れて混ぜ合わせる。豆腐をつぶしながら、よく混ぜる。味をみて、足らなければ塩・こしょうで調節する。

❸ 器に盛り、万能ねぎと白髪ねぎをのせる。

日本酒／焼酎・ワイン／ビール　これに合う！

こってりおつまみ

■ ビールや日本酒と好相性の塩辛バター味

ねぎときのこの塩辛バター炒め

材料(2人分)

長ねぎ ……………………… 1〜2本
（大きいものなら1本、小さめなら2本。斜めに1cm幅に切る）
ぶなしめじ ………………… 1パック
（石づきを取り、小房に分けておく）
いかの塩辛(減塩の要冷蔵タイプ) ……
……………………………… 大さじ2
バター ……………………… 10g
塩 …………………………… 適宜
一味唐辛子 ………………… 適宜
サラダ油 …………………… 大さじ1/2

■ 材料A

しょうゆ …………………… 大さじ1/2
みりん ……………………… 大さじ1/2
日本酒 ……………………… 大さじ1

作り方

❶ フライパンにサラダ油を入れ、中火で長ねぎ、ぶなしめじを炒める。

❷ 長ねぎに焼き目がついたらバター、いかの塩辛、材料Aを加え、強火で炒める。味が足りなければ塩をふる。皿に盛りつけ、お好みで一味唐辛子をふっていただく。

これに合う！ 日本酒／焼酎／ワイン／ビール

■ 焦がさない程度の強火でじっくり炒めて

こんにゃくきんぴら

材料（1人分）

こんにゃく	1/2枚（細切り）
塩	適量
しょうゆ、みりん、酒	各大さじ1
砂糖	大さじ1/2
鷹の爪	1/2本
	（種を取り除き、小口切り）
ごま油	大さじ1/2
万能ねぎの小口切り	適量
白いりごま	適量

作り方

❶ こんにゃくはさっと塩ゆでして水気をきる。

❷ フライパンにごま油を強火で熱し、❶を炒める。鷹の爪を加え、しょうゆ、みりん、酒、砂糖を加えて味つけする。

❸ 器に❷を盛り、ごまと万能ねぎをふる。

kinniku's memo

焦がさない程度の強火でじっくり炒めると旨いですね。こんにゃくだけで作っていますが、豚こま切れ肉、にんじん、ごぼうなどを加えると、良い作りおき惣菜になります。

日本酒 / 焼酎 / ビール / これに合う!

こってりおつまみ

大きめの牡蠣を使うのがポイント
牡蠣ピリ辛炒め

材料(1人分)

加熱用牡蠣 ……………………… 1パック
　　　　　　　　　　(3%の塩水で洗う)
小麦粉 …………………………………… 適量
サラダ油 …………………………… 大さじ1
にんにくの芽 ………………………………… 3本
　　　　　　　　　　(5cm長さに切る)
糸唐辛子 ………………………………… 適量
■ 材料A
しょうゆ、みりん、酒 ……… 各大さじ1
豆板醤 ……………………………… 小さじ1
ごま油 ……………………………………… 少々

作り方

❶ 牡蠣に小麦粉をまぶす。フライパンにサラダ油を強火で熱し、牡蠣とにんにくの芽を炒める。材料Aを加えて混ぜる。

❷ 器に❶を盛り、糸唐辛子をのせる。

kinniku's memo
牡蠣は炒めると小さくなっちゃうんで、炒めすぎないようにするのがコツかな。
牡蠣は加熱用の大粒のものを使った方がいいでしょう。

筋肉料理人の「裏ワザ」教えます❷

楽してごちそうを作る
かんたん! レンチンレシピ

「今すぐつまみが欲しい!」そんな欲求を叶えてくれるのが
調理をかんたんに、早くこなしてくれる電子レンジです。
難易度が高いと思われがちなおつまみメニューを、
レンチンレシピにアレンジしてみました!

電子レンジで **7分**

酒のつまみだけでなく子供も大好き!

カレー風味の
チキンバー

材料(2人分)

チキンバー(手羽中) ……… 300g	小麦粉 ……… 大さじ1
塩 ……… 小さじ1/2	サラダ野菜(レタスなど) ……… 葉を1〜2枚
黒こしょう ……… 適量	(手で一口大にちぎり、冷水に浸け、シャキッとさせる)
カレーパウダー ……… 大さじ1/2	
ウスターソース ……… 大さじ1	ミニトマト ……… 1個
日本酒 ……… 大さじ1	マヨネーズ ……… 適量
サラダ油 ……… 小さじ1	

かんたん！レンチンレシピ

作り方

❶ チキンバーをボウルに入れ、塩、黒こしょう、カレーパウダー、ウスターソース、日本酒、サラダ油を加えて混ぜ、15分ほどなじませる。

❷ ❶に小麦粉をまぶして、チキンバーの皮のぶつぶつがある方を上にして、耐熱皿に中心をあけるようにして並べる。ラップをかぶせ、電子レンジに5分かける。

❸ 一度取り出してラップをはずし、さらに電子レンジに2分かける。皿にサラダ野菜、ミニトマトと一緒に盛りつけ、野菜にマヨネーズをかける。

※マヨネーズはディスペンサーを使うときれいな線が引けます。

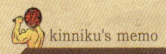

kinniku's memo

当然、普通に油で揚げたのとは少し食感が変わりますが、作ってビックリ、食べてビックリで、電子レンジとはわからないほど美味しく作れます。

材料(2人分)

豚バラブロック肉 …… 200g
　　　　　　　(3cm角に切る)
大根 …………………… 1/4本
(筋の部分が残らないように厚く皮をむき、2cm厚さの一口大に切る。正味200g)
にんじん ……… 1/4本(50g)
(皮をむいて1cm厚さの一口大に切る)
にんにく …………… 2〜4かけ
　　　　　　　(皮をむいておく)
日本酒 ……………… 大さじ2
練りがらし ……………… 適宜

■ 水溶き片栗粉(混ぜておく)
水 ………………… 大さじ1
片栗粉 …………… 大さじ1

■ 材料A
コーラ ……… 1と1/4カップ
しょうゆ ………… 大さじ4
砂糖 ……………… 大さじ2

作り方

❶ 豚肉、大根、にんじん、にんにくを耐熱ボウルに入れ、日本酒をかけてラップをし、電子レンジに10分かける。やけどしないように取り出してザルに入れ、熱湯をかけて脂を落とす。

❷ ❶を耐熱ボウルに戻し、材料Aを加え、クッキングシートで落とし蓋をし、ふんわりとラップをして電子レンジに15分かける。途中5分ごとに取り出し、混ぜる。

❸ ❷を取り出し、水溶き片栗粉を少しずつ混ぜ、とろみをつけたらできあがり。お好みで練りがらしを添えていただく。

※辛いのが好きな方は鷹の爪1/2本を加えてください。

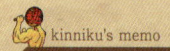

kinniku's memo

電子レンジでも、市販の豚角煮位のやわらかさになります。加熱時間合計25分は長く感じるかもしれませんが、普通に作ると2時間以上かかるので、これはラクですよ〜!

やわらかく、照りよく仕上がる!
豚と大根のコーラ煮

電子レンジで25分

かんたん! レンチンレシピ

難易度が高い煮魚もレンジでラクラク

サバのシンプルレンジ煮付け

電子レンジで
6分30秒

材料(2人分)

サバの切り身 ………… 2切れ
(1切れ100g位)
しょうが …………… 1かけ
(皮をむき、極細の千切りにして水にさらし、針しょうがにする。皮は捨てずに取っておく)
長ねぎ ……… 白い部分5cm、青い部分10cm
(白い部分は縦に切り開き、細い千切りにしてザルに入れ、流水の中でもみ、ぬめりを流して白髪ねぎにする)
ししとう ………………… 2本
(包丁の先で突いて穴を開ける)

■ 材料A(混ぜておく)
しょうゆ …………… 大さじ2
(あれば刺身しょうゆ:濃口しょうゆ=1:1で)
みりん ……………… 大さじ2
砂糖 ………………… 大さじ2
※味つけは九州向けなのでかなり甘めです。砂糖の量はお好みで調節してください。
日本酒 ……………… 大さじ2

かんたん！レンチンレシピ

作り方

❶ ししとうは耐熱皿に入れてラップをし、電子レンジに30秒かける。

❷ サバは身が縮んで反るのを防ぐため、切り身の中央に浅く切り目を入れ、耐熱皿にのせる。上にしょうがの皮、長ねぎの青い部分をのせ、材料Aを回しかける。ラップをして電子レンジに4分ほどかける。途中一度取り出し、煮汁を回しかける。

❸ サバを皿に盛り、しょうがの皮と長ねぎの青い部分は取り出す。耐熱皿に残った煮汁はラップをせずに、とろみがつくまで電子レンジに2分ほどかけ、サバに回しかける。❶、針しょうが、白髪ねぎを添えてできあがり。
※切り身の重量100gあたり、電子レンジ500Wで2分が目安です。

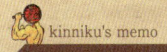

kinniku's memo

味自体は、鍋で作ったのと二つ並べて食べても違いがわからない位旨いです。こうなると、3人分位までなら電子レンジの方がいいのでは？なんて思えてくるほどです。

第三章

飲んだらコレ
シメの麺・ご飯・鍋

美味しく飲んだ後はなぜか麺やご飯でビシっとシメたくなるもの。
麺・ご飯・鍋、どれもきっと満足できるレシピばかりです。

薄めに仕上げてしょうゆを隠し味に
ピエンロー（白菜鍋）

これに合う！ 日本酒 / 焼酎 / ワイン / ビール

材料(4人分)

白菜 …… 1/2個（5cm幅に切る）	日本酒 …………… 1/4カップ
干ししいたけ …………… 4個	塩 ………………… 小さじ2
(前日の晩から水に浸けて戻しておく)	しょうゆ ……………… 小さじ2
鶏手羽先 ……………… 8本	ごま油 …………………………
豚バラ肉薄切り ……… 400g	………… 大さじ1～お好みで
（半分の長さに切る）	七味唐辛子、柚子こしょう ‥
春雨 …………………… 80g	……………………… 各適宜
昆布 …………… 5×5cm(3g)	

作り方

❶ 白菜は葉先を除いて昆布と一緒に土鍋に入れる。戻した干ししいたけも薄く切って入れる。

❷ こした干ししいたけの戻し汁と日本酒を土鍋に入れ、白菜が顔を出す位に水を入れて火にかける。煮立ったら鶏手羽先を入れ、再沸騰したところで豚肉を入れる。蓋をして軽く沸騰する位の火加減で20～30分、白菜がくたくたになるまで煮る。

❸ その間に春雨を熱湯に浸けて戻し、ザルに上げておく。

❹ ❷に残しておいた白菜の葉と春雨を加える。塩としょうゆを加え、吸い物より少し薄い位の味に調える。ごま油を入れて蓋をし、5分煮たらできあがり。七味唐辛子、柚子こしょうを足していただく。

シメの麺・ご飯 鍋

kinniku's memo

塩、七味唐辛子、柚子こしょう、ごま油など
お好みで足しながらいただきましょう。九州人としては
柚子こしょうを仕上げに使えば辛味と塩気が入るので、
それがおすすめですね。シメのご飯はお茶碗2杯に卵2個程度をお好みで。

■ 香ばしさとうま味が食欲をそそるB級グルメ

カップ焼きそばで
かんたんそばめし

これに合う！ 日本酒 / 焼酎 / ワイン / ビール

材料(2人分)

カップ焼きそば(大盛りタイプ) ………………………… 1食分	干しえび(あれば) ………… 6g
ご飯(温かいもの) ……茶碗1杯 (200g)	けずり節 ………………… 3g
豚こま切れ肉 ………… 100g (一口大に切る)	ウスターソース …… 大さじ1
キャベツ ……………… 100g (粗めのみじん切り)	塩、こしょう ………… 各適量
長ねぎ ……………… 10cm (粗めのみじん切り)	サラダ油 …………… 大さじ2
	マヨネーズ、青のり、紅しょうが ……………………… 各適宜

作り方

❶ カップ焼きそばに熱湯を注ぎ、規定時間よりも短めに戻し、湯切りしたら包丁でザクザクと切っておく。

❷ フライパンにサラダ油を入れ豚肉を炒め、色が変わってきたら、キャベツ、長ねぎも加えて炒める。❶とご飯を入れ強火でしっかり炒め合わせる。

※ちくわやかまぼこなど、練り製品を刻んで混ぜると、より美味しいです。

❸ 野菜の水分が飛んだら、カップ焼きそば付属のソースと、ウスターソースを加え混ぜながら炒める。干しえび、けずり節を加えて炒め、塩、こしょうで味を調えたら皿に盛りつける。お好みでマヨネーズ、青のりをかけ、紅しょうがを散らしてできあがり。

シメの麺・ご飯・鍋

kinniku's memo

そばめしは焼きそばとご飯を一緒に炒めた料理で、
神戸発祥のB級グルメだそうですね。もともと、カップ焼きそばって
味が濃いから、野菜やご飯を入れてもしっかり味がつくんでしょうね。
そのまま焼きそばで食べるより美味しかったですよ。

煮ると餅が溶けて、さらに旨い!
鶏餅鍋

これに合う! 日本酒／焼酎／ワイン／ビール

材料(2人分)

鶏肉(もも肉、むね肉、皮など) ……………… 200g(一口大に切る)
豆腐 ……… 1/4丁(半分に切る)
餅 ……………………… 2個
白菜 …………………… 3枚
(かたい部分は小さめのざく切り、葉は大きめのざく切り)
大根 …………………… 5cm
(小さめの一口大に切る)
長ねぎ ……… 1本(斜め切り)
えのきたけ(しめじやしいたけでもOK) …………………… 1/2袋
(石づきを取り食べやすくほぐす)
にんじん ……… 少々(薄切り)
ほうれん草(春菊、水菜などでもOK) ……………… 1束(ざく切り)
昆布 …… 5×5cmのもの1枚

■だし

水 ……………………… 2カップ
薄口しょうゆ、みりん、日本酒 ………… 各大さじ1と2/3
かつお顆粒だし ………………………… 小さじ1/2
固形チキンコンソメ …… 1個
(顆粒なら小さじ2)
こしょう ……………… 少々

シメの麺・ご飯・鍋

作り方

❶ 鶏肉は熱湯にさっと通し、霜降りにする。

❷ 土鍋に昆布を敷き、具材を入れ、だしの材料を加える。

※我が家では上記のだしの分量ですが、土鍋によって大きさが違うので注意。だしの水は計量カップを使って鍋の7分目位まで注ぎ、水の分量の1/13量の薄口しょうゆ、みりん、酒を加えます。

❸ ❷を火にかけ、沸騰したら、時々アクを除きながら煮る。

kinniku's memo

(･∀･)ブログ仲間ブ〜ビィさんに教わった鍋を筋肉家流にアレンジしました。
ブ〜ビィさんおすすめは「餅はドロドロが基本」。
くたくたの白菜やえのきに、ドロドロの汁がからんで美味しい!!

■ 下ごしらえから完成まで10分ちょっと
味噌豚白菜丼

これに合う！ 日本酒 / 焼酎 / ワイン / ビール

材料 (たっぷり1人分)

豚こま切れ肉 ………… 100g
　（一口大に切る）
白菜 ……… 1と1/2枚(150g)
（かたい部分は細く小さく、葉の方は大きく切る）
にんじん …… 1/5本弱(20g)
（皮ごと薄く切り、細い千切りにする）
長ねぎ(白い部分と青い部分) ‥
………………………… 各5cm
（白い部分は斜め5mm幅に切り、青い部分は細く刻む）
ご飯 ………………… 丼1杯
ごま油 ……………… 小さじ1

■ 材料A (混ぜておく)
味噌 …………… 大さじ1/2
コチュジャン …… 大さじ1/2
砂糖 …………… 大さじ1/3
日本酒 …………… 大さじ1

作り方

❶ フライパンにごま油を熱し、豚肉を強火で炒める。色が変わってきたら、白菜のかたい部分、にんじん、長ねぎの白い部分の順に炒め、しんなりしたら白菜の葉、材料Aを加えて炒め煮にする。強火で水分を飛ばすように炒め、最後に長ねぎの青い部分を加えて炒める。

❷ 丼にごはんを盛り、❶をのせてできあがり。

シメの麺・ご飯・鍋

kinniku's memo

豚肉、白菜って味噌味が合いますね！ コチュジャンで
少し辛くしてるから、ご飯がいけるいける。こういうのはいかにも
ガッツリ漢丼って感じで、オトコの昼飯にはバッチリです。

■ 仕上げのバターがポイント

鮭のあらの味噌バター鍋

これに合う! 日本酒 / 焼酎 / ワイン / ビール

材料(4人分)

鮭のあら	600g
白菜	1/4個
(かたい部分は小さめのざく切り、葉は大きめのざく切り)	
じゃがいも	2個
(一口大の乱切りにし、水にさらす)	
にんじん	1本
(一口大の乱切りにし、水にさらす)	
しめじ	1パック
(石づきを取り、食べやすくほぐす)	
長ねぎ	1本(斜め切り)
水菜	2株
(7cm長さに切る)	
豆腐	1丁(16等分に切る)
ホールコーン缶	小1缶
昆布	5×5cmのもの1枚
塩	適量
水	4カップ
酒	1/4カップ
味噌	50g
しょうゆ、みりん	各大さじ1
バター	20g
万能ねぎ	適宜(小口切り)
一味唐辛子	適宜

作り方

❶ 鮭に軽く塩をふり、約15分おく。水気が出たら、熱湯にさっと通し、霜降りにする。冷水に取り、表面のぬめりや汚れ、うろこを取る。

❷ 鍋に昆布、じゃがいも、にんじん、水、酒を入れて強火にかける。沸騰したら、❶、白菜のかたい部分を入れる。再び煮立ったら、味噌、しょうゆ、みりんで味つけする。

※少し濃いめの味噌汁のような味にします。

❸ 白菜の葉、しめじ、長ねぎ、水菜、豆腐と、コーン缶を缶汁ごと加える。野菜に火が通ったら、バターを入れる。好みで万能ねぎの小口切りや一味唐辛子をふる。

シメの麺・ご飯・鍋

kinniku's memo

(・∀・)とろける鮭のあらが、たまらなく旨いです。
鮭の煮物はあらが一番旨い!!　断言できます。
寒い冬場には、最高クラスの鍋です。

■ キムチの旨さが最高!
海鮮キムチ焼きうどん

これに合う！ 日本酒 / ワイン / 焼酎 / ビール

材料(1人分)

豚こま切れ肉	50g
シーフードミックス	100g
(冷蔵庫に移し、解凍する)	
冷凍うどん	1/2玉
(熱湯で解凍して水気を切る)	
キムチ	50g
しめじ	1/3パック
(石づきを取り、小房に分ける)	
もやし	1/2袋
ニラ	1/3束
(5cm長さに切る)	
卵黄	1個分
糸唐辛子	適量
サラダ油	大さじ1/2

■ 合わせ調味料(よく混ぜる)

しょうゆ、みりん、酒	各大さじ1
コチュジャン	大さじ1/2
黒こしょう	適量
ごま油	適量

作り方

❶ フライパンにサラダ油を強火で熱し、油がさらさらになったら、豚肉を炒める。表面に軽く焼き色がついたら、キムチを入れる。キムチと豚肉を炒め、キムチの汁気が飛んだら、うどん、しめじ、もやし、シーフードミックスを炒める。

※ずっと、強火で炒めてください。キムチはしっかり炒めるとうま味が出ます。

❷ 全体に油が回り、シーフードミックスに軽く火が通ったら、合わせ調味料を加えて炒め合わせる。汁気が減ってきたら、ニラを加えて、軽く混ぜる。

❸ 器に❷を盛り、卵黄を落とし、糸唐辛子を散らす。

シメの麺・ご飯・鍋

kinniku's memo

(・∀・) 皆さんが大好きなキムチレシピです。
昼飯にがーっと一気に食べたい味ですね。
辛味を効かせれば、ビールのあてにもいいですよ!

■ 焦がしねぎの風味がイイ感じ〜

焦がしねぎの
釜玉うどん

材料(1人分)

冷凍うどん	1玉
卵	1個
長ねぎ	1/3本
（粗くみじん切りにする）	
白いりごま	適宜
鷹の爪	1/4本
（種を取り、細い小口切りにする）	
ごま油	大さじ1と1/2
刻みねぎ	適量
刻み海苔	適量
うま味調味料	少々
しょうゆ	適宜
（あればだしじょうゆ）	
けずり節	適宜

作り方

❶ 小さなフライパンにごま油を熱し、長ねぎ、白いりごまを入れ、中火で長ねぎがきつね色になるまで炒める。火を消し、鷹の爪を加える。

❷ 鍋にたっぷりの湯を沸かし、沸騰したら丼に湯を入れ温める。冷凍うどんを凍ったまま鍋に入れ、再沸騰し好みのかたさになったらザルに上げ、湯を捨てた丼に移す。
※丼のお湯は何度か替えるとよいです。

❸ うどんの中央に卵を落とし、❶をごま油ごとかける。刻みねぎと刻み海苔を散らし、うま味調味料をひとふりする。お好みでしょうゆ、けずり節をかけていただく。

kinniku's memo

焦がしねぎの風味と鷹の爪のピリ辛で、素朴な釜玉うどんに新しい風味と刺激をプラスしました。シンプルでかんたんなレシピなので、ぜひ一度試してみてください。

■ こってりと甘辛い味噌がからむ!
野菜たっぷり 辛味噌焼きうどん

材料(たっぷり1人分)

豚こま切れ肉 ……… 100g
　　　　(一口大に切る)
キャベツ …… 葉を2枚(100g)
(一口大に切り、かたい部分は薄く切る)
玉ねぎ ………… 1/4個(50g)
　　　　(3mm位の幅に切る)
にんじん ……… 1/5本(30g)
　　(皮ごと薄切りし、千切りにする)
セロリ ……… 5cm(薄切りに切る)
ゆでうどん ……………… 1玉
塩、こしょう …………… 適宜
ごま油 ……………… 大さじ1/2
温泉卵 …………………… 1個

■ 合わせ調味料(混ぜておく)
コチュジャン ……… 大さじ1
しょうゆ ………… 大さじ1/2
砂糖 ……………… 大さじ1/2
日本酒 …………… 大さじ1
おろししょうが …… 小さじ1/4
おろしにんにく …… 小さじ1/4
片栗粉 …………… 小さじ1

作り方

① フライパンにごま油を入れて強火にかける。豚肉、玉ねぎ、にんじん、セロリを加えて炒める。

② 豚肉の色が変わったらキャベツを加え、しんなりしてきたら合わせ調味料を加えて混ぜ、うどんを加えて炒め合わせる。全体がなじんだら味見し、足りなければ塩、こしょうで味を調え、器に盛りつける。温泉卵をトッピングしてできあがり。

kinniku's memo

これだけたくさん野菜を使っていますが、コチュジャンのうま味で無理なく美味しく食べられます。コチュジャンがない時は甜麺醤でもいいし、甜麺醤がなければ八丁味噌でも。

■ お手頃なまぐろのさくが手に入ったらコレ
かんたんねぎとろ丼

これに合う！ 日本酒 / 焼酎 / ワイン / ビール

材料(1人分)

刺身用まぐろさく ……… 80g
　(薄切りにしてから、細かくたたく)
ご飯 ………………… 丼1杯分
卵黄 ………………… 1個分
長いも …… 1.5cm(すりおろす)
万能ねぎの小口切り、刻み
海苔 ……………… 各適量

マヨネーズ ……… 大さじ1/2
すし酢 ……… 大さじ1と2/3
練りわさび、しょうゆ ………
……………………… 各少々

作り方

❶ ご飯にすし酢を回しかけ、切るように混ぜる。

❷ まぐろにマヨネーズと万能ねぎを混ぜる。

❸ 丼に❶を盛り、刻み海苔、❷、万能ねぎをのせる。長いもをかけ、中央に卵黄をのせてさらに刻み海苔を散らす。わさびを添え、しょうゆをかけていただく。

シメの麺・ご飯・鍋

kinniku's memo

まぐろのさくが安いけど筋が多いし、どうしよう？　そんな時におすすめです。
酢飯にせず、ご飯の上にのせてもいいです。
その場合は、生ものをのせますので、作ったらすぐに食べてください。

これに合う！ ワイン 日本酒

ふわふわアツアツの豆腐がたまらない！
和風豆腐グラタン

材料(2人分)

絹豆腐	3/8丁(150g)
玉ねぎ	1/4個(50g。薄切り)
ミニトマト	2個(4つ切りにする)
ピザ用チーズ	40g
乾燥パセリ	適量
黒こしょう	適量
ポン酢しょうゆ	適宜

■ **材料A**(混ぜておく)

豆乳	大さじ5
かつお顆粒だし	小さじ1/4
重曹	小さじ1/4
塩	小さじ1/5

作り方

❶ 玉ねぎを耐熱ボウルに入れてラップをして電子レンジに1分かける。

❷ ❶にスプーンで一口大にすくった豆腐を加える。材料Aを注ぎ、ラップをして電子レンジに2分かけ、いったん取り出し中身を混ぜる。さらに2分かける。

❸ ❷をグラタン皿に入れ、ミニトマト、チーズをのせ、オーブントースターでチーズに焼き目がつくまで焼く。パセリ、黒こしょうをふってできあがり。お好みでポン酢しょうゆをかけていただく。

kinniku's memo
❷の時、重層の効果で吹きこぼれやすいので注意してください。

これに合う！ 日本酒 焼酎

シメの麺・ご飯・鍋

■ あっさりなのに満足感もあるシメの一品
アジの干物であっさり茶漬け

材料（1人分）

アジの干物	1/2枚
温かいご飯	茶碗1杯
大葉	1枚（丸めて細く切る）
白髪ねぎ	適量
刻み海苔	適量
梅干し	2個
もろみ味噌	小さじ1/2
練りわさび	適宜

作り方

❶ アジはグリルで焼き、身をほぐしておく。

❷ 茶碗にご飯を入れ、刻み海苔をのせる。その上に大葉を散らし、❶を小高くのせ、白髪ねぎ、梅干し、もろみ味噌を添える。熱いお茶（分量外）をかけていただく。お好みでわさびなど添えても。

kinniku's memo

アジの干物のうま味と、大葉の香り、梅干しの酸味が、
あっさり美味しいお茶漬けです。アジのうま味で満足感もあります。
お茶はほうじ茶がベストです。

これに合う！ ビール／ワイン／焼酎／日本酒

一杯飲んだ後にも、食事にも!
昆布風味の焼きおにぎり

材料(4個分)

ご飯	500g
大葉	5枚
昆布のつくだ煮	50g
	(粗めのみじん切り)
けずり節	10g
かつお顆粒だし	小さじ1
しょうゆ	大さじ1と1/3

作り方

① 耐熱皿に大葉をのせ、ラップをせずに電子レンジで乾燥するまで、様子を見ながら40秒から1分ほど加熱し、手で粉々に砕く。

② ボウルにご飯、昆布のつくだ煮、かつお顆粒だしを入れ、けずり節は何回かに分けて混ぜる。しょうゆを回しかけ、①を全体に混ぜる。

③ ②でおにぎりを作り、魚焼きグリルで少し焦げ目がつくまで焼く。

kinniku's memo

刻んだ大葉をのせ、お茶漬けにしても美味しいです。

これに合う！ 日本酒／ワイン／焼酎／ビール

シメの麺・ご飯・鍋

■ シンプルでなごむ味です
しみじみ美味しい「常夜鍋」

材料（1人分）

豚薄切り肉	100g
ほうれん草	1/2束

（根元、茎、葉に分ける）

にんじん	適量

（3mm位の薄切りにし、型で抜く）

昆布	5×5cmのもの1枚
もみじおろし	適量
酒、水	各1カップ
ポン酢しょうゆ、ごまだれ	各適量

作り方

1. 鍋に昆布、酒、水を入れて火にかける。沸騰したら、豚肉を入れる。
   ※酒と水は1:1の割合です。

2. にんじん、ほうれん草の根元も入れ、煮えたら、ほうれん草の茎、葉を入れる。もみじおろしを混ぜたポン酢しょうゆやごまだれをつけていただく。

kinniku's memo

ほうれん草は、根っこが一番美味しいんですよ。
「私、捨ててる!!」って方、いませんかあ～？
捨てずに食べましょうね。

これに合う！ ビール 焼酎

■ 濃厚あんきもスープでいただきます
韓国風あんこうチゲ

材料(1人分)

鍋用あんこう	150g
豆腐	1/4丁(4等分に切る)
白菜	1/8個
(軸は小さめ、葉は大きめのざく切り)	
長ねぎ	1/2本(1cm幅の斜め切り)
にんじん	1/5本(千切り)
しいたけ	2枚
(軸を落として縦半分に切る)	
ニラ	1/2束(5cm長さに切る)
おろしにんにく	大さじ1
昆布	5×5cmのもの1枚
水	2カップ
酒	大さじ3
味噌、コチュジャン	各大さじ1

作り方

❶ あんきも以外のあんこうに熱湯をかけて、霜降りにし、冷水で冷まし、表面のぬめりを取る。
※熱湯をかけて表面をかため、うま味を逃がしにくくするとともに、表面のぬめり、汚れを取り除き、臭みが出にくくする作業です。

❷ 鍋を火にかけ、あんきもをつぶしながら炒める。酒と水、昆布を入れる。

❸ 沸騰したら、❶のあんこう、野菜、豆腐の順に入れる。再び沸騰したら、味噌とコチュジャンを溶き入れ、おろしにんにくを加える。

これに合う！ 日本酒 焼酎 ビール

家飲みのシメにサラサラと
鯛茶漬け

材料(1人分)

鯛の刺身	70g
ご飯	丼1杯分
長ねぎ	5cm(白髪ねぎにする)
大葉	1枚(細い千切り)
白いりごま、刻み海苔、練りわさび	各適量
漬けだれ(86ページ参照)	大さじ2
お茶	適宜

作り方

1. 鯛は漬けだれをからめ、なじませる。
2. 丼またはお茶漬け碗にご飯を盛り、刻み海苔を散らし、❶をのせる。残った漬けだれを回しかけ、ごまをふる。白髪ねぎ、大葉、わさびをのせ、熱いお茶を注ぐ。

シメの麺・ご飯・鍋

kinniku's memo

(・∀・)お酒のシメにどうぞ!! 旨すぎて、パクパクいっちゃって困るかも？
漬け丼でも、熱いお茶をかけて茶漬けでも、どちらでもいけます。

筋肉料理人の「裏ワザ」教えます ③

お買い得食材を活用

鶏むね肉の絶品レシピ

鶏むね肉は加熱するとパサパサ、かたくて美味しくない肉と思われがちなんですが、適切に加熱するとすごくやわらかく仕上がります。まずはここにあるレシピを試してみてください!

電子レンジで

柚子こしょうを混ぜた漬けだれが旨い!
柚子鶏

材料(2人分)

鶏むね肉 ...... 1枚(200g程度)
塩 小さじ1/4
片栗粉 小さじ2

■漬けだれ
しょうゆ 大さじ1
みりん 大さじ1
酢 大さじ1
日本酒 大さじ1
砂糖 大さじ1
柚子こしょう 小さじ2

■つけ合わせ
玉ねぎ 1/2個
　　(100g。1cmの厚さに切る)
黒こしょう .... 適量
刻みねぎ .... 適量

作り方

❶ 鶏むね肉の両面を包丁の先で刺して筋切りし、ラップをして瓶の底で軽くたたく。全体に塩をふり、しばらくなじませる。
※軽くたたくと、繊維がやわらかくなります。

❷ ビニール袋に❶と漬けだれを入れ、口を閉じて手でもみ、常温で15〜30分なじませる。
※時間があれば、ぜひ30分なじませてください。

❸ 耐熱皿に❷をのせ片栗粉をまぶし、漬けだれを回しかける。ラップをして電子レンジで2分加熱する。いったん取り出して肉を裏返し、再度ラップをして2分加熱する。ラップをはずし、熱の通り具合を確認しながら1〜2分加熱する。熱が通ったら10分ほどおいて粗熱を取る。

❹ その間に玉ねぎを別の耐熱容器に入れ、ラップをして電子レンジで3〜4分加熱し、❸の耐熱皿に残った漬けだれに漬けて味をなじませる。肉の粗熱が取れたら、1cm位の厚さにそぎ切りして皿に盛りつける。玉ねぎを添えて黒こしょうをふり、刻みねぎを散らす。お好みで柚子こしょう(分量外)を添えてできあがり。

鶏むね肉の絶品レシピ

材料(2人分)

鶏むね肉 …………… 1枚	■材料A
（300g程度）	日本酒 …………… 大さじ1
日本酒 …………… 大さじ2	薄口しょうゆ …… 大さじ1
刻みねぎ、しょうゆ、	おろししょうが … 小さじ1/4
からし酢味噌、わさび、	昆布茶(もしくは顆粒昆布だし)
梅肉、大根ツマ(けん)、	…………………… 小さじ1/4
サラダ用わかめ …各適量	片栗粉 …………… 大さじ2

■材料B
ぽん酢しょうゆ …… 大さじ1
おろししょうが、
おろしにんにく
…………………… 各小さじ1/4
ラー油、ごま油、刻みねぎ、
白いりごま ………… 各適量

作り方

❶ 鶏むね肉の皮と余分な脂を切り取り、皮はとっておく。短い辺が2等分になるように切る。それを1cm位の幅に切って、包丁の背でたたいて繊維をつぶす。さらに肉を90度回して十字の模様がつくようにたたく。反対側も同じようにたたいてボウルに入れ、材料Aを加えて手でもみ、汁を鶏むね肉に吸い込ませる。

❷ 鍋に多めの湯を沸かし、日本酒を入れ、❶と鶏皮を広げて入れる。再沸騰しかけたら弱火にして10分加熱する。穴あきお玉ですくって冷水で冷まし、ザルに上げておく。

※ゆで汁はだしが出ているので、鍋やラーメンのスープに使えますよ。

❸ 大根ツマとわかめを混ぜ、皿に小高く盛り、周囲に鶏むね肉を盛りつけて刻みねぎを散らす。わさびと梅肉を添え、わさびしょうゆ、からし酢味噌などでいただく。

❹ 湯がいた鶏皮は細く切り、材料Bを混ぜる。なじんだら小鉢に盛りつけてできあがり。

たたいて片栗粉をもみ込むとジューシーに!
鶏むね水晶の刺身風と鶏皮ポン酢

ゆでて

鶏むね肉の絶品レシピ

ヨーグルトを使った漬け汁でジューシーに

かんたん
タンドリーチキン

オーブンで

材料(4人分)

鶏むね肉(もも肉、骨つき肉でも可)
………………… 2枚(600g)
塩 ……………… 小さじ1と1/2
黒こしょう ………………… 適量
パセリ …………………… 適量
レモン ……… 適量(くし形切り)

■ 材料A
ヨーグルト ………… 大さじ6
ケチャップ ………… 大さじ2
カレーパウダー …………………
…… 大さじ1/2〜1(お好みで)
片栗粉 ……………… 大さじ2
オリーブオイル …… 大さじ2
おろしにんにく、おろししょうが
………………… 各小さじ1/2

作り方

❶ 鶏肉にラップをして、瓶の底などで肉がつぶれない程度に軽くたたく。1枚を6等分に切り、ビニール袋に入れて塩と黒こしょうをまぶし、袋ごともんで味をなじませる。

❷ ❶に材料Aを加え、口を閉じて手でしっかりともみ、冷蔵庫で一晩なじませる。

❸ オーブントレイにクッキングシートをしき、❷を並べる。200〜230度に予熱したオーブンで15〜20分焼く。皿に盛りつけ、レモンとパセリを添えてできあがり。

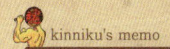

鶏むね肉の絶品レシピ

kinniku's memo

大きめに切った鶏むね肉を、ヨーグルトベースのたれに漬けるから、本当にしっとりやわらかに仕上がりますよ。一晩、漬け込む手間はありますが、それ以外はとってもかんたんです。

第四章

保存食材で最強おつまみ

とっさの時に役に立つのが、家の食料庫に眠っている保存食材たち。
とても缶詰で作ったとは思えないほど、すぐできて旨い逸品揃い!

オイルサーディン缶

学生の頃の思い出の味

しょうゆ味のオイルサーディン

これに合う! 日本酒 焼酎 ワイン ビール

材料と作り方(1人分)

1. オイルサーディン1缶の缶汁を半分位きり、しょうゆ大さじ1/2をたらす。ガスコンロに網をのせ、オイルサーディンを缶ごとのせる。

2. ごく弱火にかけ、沸騰してしょうゆの香りが立つまで煮る。火からおろし、一味唐辛子を少々ふる。

   ※火が強いと破裂します!! 超弱火でじっくりグツグツさせてください。

kinniku's memo

缶詰のオイルサーディンは私にとって懐かしい味、学生の頃の思い出の味なんです。月に1回友人宅で酒飲みをしていた頃、つまみにしていたのがオイルサーディンだったんですね〜。

柚子こしょうとねぎ、和風も合います!

オイルサーディンの
ねぎ柚子マヨ

材料と作り方(1人分)

❶ オイルサーディン1缶の缶汁を半分位きり、ガスコンロに網をのせ、オイルサーディンを缶ごとのせる。

❷ 長ねぎの小口切り3cm分をのせ、しょうゆ小さじ1をかける。マヨネーズ大さじ1と1/2、柚子こしょう小さじ1/2を混ぜてかけ、焼く。

※火が強いと破裂します!! 超弱火でじっくりグツグツさせてください。

kinniku's memo

柚子こしょうにねぎで、うま味の中に香りと、きりりとした辛味が入ります。ちょっぴり和風テイストになります。

保存食材おつまみ

これに合う! 日本酒 焼酎 ワイン ビール

ビールやワインに合うイタリアン風
ペペロンチーノ風オイルサーディン

材料と作り方（1人分）

① オイルサーディン1缶の缶汁を半分位きり、ガスコンロに網をのせ、オイルサーディンを缶ごとのせる。

② にんにくの薄切り1/2かけ、鷹の爪の小口切り1/2本、粉チーズ、パセリのみじん切り各適量をふって焼く。

※火が強いと破裂します!! 超弱火でじっくりグツグツさせてください。

kinniku's memo
オイルサーディンににんにくと鷹の爪、それにチーズって、なんてよく合うんでしょう。ビールもいいし、ワインにも合いますね。

これに合う！ 日本酒 / 焼酎 / ワイン / ビール

白味噌とマヨネーズでコクがアップ
オイルサーディンの からし味噌焼き

保存食材おつまみ

材料と作り方（1人分）

① オイルサーディン1缶の缶汁を半分位きり、ガスコンロに網をのせ、オイルサーディンを缶ごとのせる。

② ピザ用チーズをひとつかみのせ、白味噌大さじ1/2、マヨネーズ大さじ1、練りからし小さじ1を混ぜてかけ、焼く。仕上げに青のりをふる。

※火が強いと破裂します!! 超弱火でじっくりグツグツさせてください。

kinniku's memo

マヨ味噌にチーズプラスの合わせ技。こってりした味がビールにぴったりです。ちょっとボリュームが欲しい時にいいですよ。

これに合う！ 日本酒 / 焼酎 / ワイン / ビール

サバ缶

とりあえずの一品に最適なさっぱり加減
サバおろし

材料と作り方（1人分）

① サバ缶1/2は汁を切ってほぐし、皿に円盤状に盛りつける。

② ①に大根おろし大さじ2をのせ、刻みねぎを適量散らす。ポン酢しょうゆをかけていただく。

kinniku's memo

もうちょっと、おつまみが欲しいなって時、これがおすすめです。ご飯のおかずって感じのサバ缶が、さっぱりした味わいになります。しっとり、ゆっくり飲みたい時にいいですね。

みょうががサバのうま味を引き立てる
サバ缶みょうがサラダ

材料と作り方（1人分）

① みょうが2本は縦に薄く切る。汁を切ってほぐしたサバ缶1/3と混ぜ、皿に小高く盛り、白いりごまを適量ふりかける。

② ポン酢しょうゆをかけていただく。

kinniku's memo

刻んだみょうがは爽やかな大人の香りがとてもいいものです。サバ缶に涼感を加えてくれます。お好みで一味唐辛子や山椒粉をふってもいいでしょう。

これに合う！ 日本酒 / 焼酎 / ワイン / ビール

温奴が立派なメニューに格上げ！
サバ缶温奴

材料と作り方（1人分）

❶ 絹豆腐1/2丁を半分に切って耐熱皿にのせ、ほぐしたサバ缶1/2を汁ごと加え、ラップをして電子レンジに3分かける。

❷ ❶を器に盛り、刻みねぎ、針しょうがを適量のせる。しょうゆをかけていただく。

kinniku's memo

温かいおつまみが欲しい時、お腹にたまるつまみが欲しい時におすすめです。サバ缶のうま味で温奴が美味しくなります。しょうがをたっぷりのせて食べるのがおすすめです。

これに合う！ 日本酒 / 焼酎 / ワイン / ビール

保存食材おつまみ

ニラと合わせれば、ビールのおつまみにも

サバニラ

材料と作り方(1人分)

1. ニラ1/8束を3cm長さに切る。汁気を切って、ほぐしたサバ缶(しょうゆ味)1/2と混ぜて耐熱ボウルに入れ、ラップをして電子レンジに2分かける。

2. 小鉢に盛りつけ、一味唐辛子などをふっていただく。

kinniku's memo

ニラの風味とサバ缶のうま味があと引く一皿です。ニラって湯がいてしょうゆをかけただけでも美味しいですが、サバ缶と組み合わせれば立派な一品料理です。ビール、日本酒が進む一皿ですよ。

これに合う！ ■ビール ▪ワイン ▪焼酎 ▪日本酒

韓国海苔

長いもにちょっと手を加えるだけ
韓国海苔で長いも短冊巻き

材料と作り方(1人分)

① 長いも20gは皮をむいて長方形に切り、1.5cm角で5cm長さのものを2本作り、流水にさらす。ザルに上げて水切りし、キッチンペーパーに包んで水分をふく。

② 韓国海苔2枚で巻き、わさび、梅肉を適量のせる。しょうゆをつけていただく。

kinniku's memo

韓国海苔で巻いた長いもは、しゃきしゃきの食感に韓国海苔の塩気とうま味、ごま油の風味が加わり、基本あっさりなのに旨さたっぷり！ これは、やっぱりビールでしょう。

これに合う！ 日本酒／焼酎／ワイン／ビール

マヨネーズしょうゆがベストマッチ

ちくわの韓国海苔巻き

保存食材おつまみ

材料と作り方（1人分）

① ちくわ5cmは縦半分に切り、さらに縦半分に切る。プロセスチーズ適量を5mm角、5cm長さに切り、ちくわではさむ。

② 韓国海苔2枚で巻き、しょうゆ、マヨネーズ、一味唐辛子などをつけていただく。

kinniku's memo

ちくわにチーズの組み合わせはお手軽おつまみの定番ですね。これに韓国海苔を巻くとひと味変わってそれが嬉しい。そのまま食べてもいいし、マヨネーズしょうゆでいただくと、より美味しいですよ。

これに合う! 日本酒 / ビール / ワイン / 焼酎

海苔はやっぱり魚と相性がいい
オイルサーディンの韓国海苔巻き

材料と作り方(1人分)

① 小ねぎの穂先適量を7cm長さに切る。

② オイルサーディン2尾に小ねぎをのせ、韓国海苔2枚で巻く。一味唐辛子、ポン酢しょうゆなどをつけていただく。

kinniku's memo

オイルサーディンを韓国海苔で巻き、辛味を加えたポン酢しょうゆでいただくと、エスニックな韓国風の風味になります。意外にあっさりいただけますので、焼酎、ビールに合わせてどうぞ。

これに合う！ 日本酒 / 焼酎 / ワイン / ビール

保存食材おつまみ

ちょっと刺身が残ったらコレ！
お刺身の韓国海苔巻き

材料と作り方（1人分）

① 刺身2切れにしょうゆを適量かけ、冷蔵庫で15分なじませる。

② 韓国海苔2枚で巻き、コチュジャン適量を添える。白髪ねぎ、玉ねぎスライスなどと一緒にいただく。

kinniku's memo

刺身といえば和の料理ですが、しょうゆ漬けした刺身を韓国海苔で巻いてコチュジャンをつければ、あっと驚く韓国風の味になりますよ。

これに合う！ 日本酒 / ビール / ワイン / 焼酎

キムチ

いろんなお酒に合うからやみつきに
キムチチーズ

材料と作り方（1人分）

① 白菜キムチ50gは小さめに刻む。クリームチーズ20gは5mm角に切り、キムチと混ぜる。

kinniku's memo

こっぷりのクリームチーズを、さっぱり・うま味たっぷりの白菜キムチで和えると、素晴らしい深みのある味になります。ビール、焼酎はもちろん、ワインのおつまみにおすすめです。

これに合う！ 日本酒 / 焼酎 / ワイン / ビール

保存食材おつまみ

魚肉ソーセージをおしゃれにアレンジ

魚肉ソーセージのキムチ添え

材料と作り方(1人分)

❶ キムチ50gは小さめに刻んで皿に小高く盛る。魚肉ソーセージ1/2本を千切りにして添え、マヨネーズを適量かけてできあがり。

※マヨネーズはディスペンサーを使うときれいな線が引けます。

kinniku's memo

丸かじりが美味しい魚肉ソーセージですが、おつまみにするなら切って食べたいです。そんな時、白菜キムチを添え、マヨネーズをディスペンサーでかければ、おしゃれなおつまみになります。盛りつけ次第でアゲアゲな気分になりますよ。

これに合う！ 日本酒 / ワイン / 焼酎 / ビール

ごまをふるだけでコクがプラスされる
ごまキムチ

材料と作り方（1人分）

❶ 白菜キムチ60gは細かく刻む。白いりごま大さじ2、ごま油小さじ1と混ぜ合わせ、小皿に小高く盛る。

kinniku's memo

白菜キムチにごまの風味を加えるだけ。これだけでひと味もふた味も変わります。コツは白菜キムチを細かく刻み、味のなじみをよくすることです。

これに合う！ / 日本酒 / 焼酎 / ワイン / ビール

保存食材おつまみ

キムチと豆腐は鉄板の組み合わせ
キムチ奴

材料と作り方（1人分）

① 白菜キムチ30gを細かく刻み、半分に切った絹豆腐1/2丁の上にのせる。

② ごま油小さじ1/2をたらし、刻みねぎ、刻み海苔をお好みでふりかける。しょうゆやポン酢しょうゆなどをかけていただく。

kinniku's memo
冷奴に白菜キムチの組み合わせは、言わずと知れた鉄板。間違いのない組み合わせです。もうひと味変えたい時は、ごま油、ラー油をかけるのもおすすめですよ。

これに合う! 日本酒 / ビール / ワイン / 焼酎

食べるラー油

ネバネバにラー油がからんで旨い
たたきオクラ ラー油のせ

材料と作り方(1人分)

① オクラ3本は適量の塩をふりかけてこする。包丁で切り目を入れて耐熱皿にのせ、ラップをして電子レンジに1分かける。冷水で冷ましたら、包丁で細かく刻む。

② 小鉢に盛りつけ、上に食べるラー油小さじ1、梅肉小さじ1/2をトッピングする。お好みでしょうゆ、ポン酢しょうゆなどをかけていただく。

kinniku's memo

加熱してから、包丁でたたいたオクラは、食べるラー油とベストマッチです。このままご飯にのせて食べたい位ですが、小鉢に盛ればビールのおつまみにぴったりです。繊維質たっぷりなのでヘルシーなのも嬉しいところです。

これに合う！ 日本酒／焼酎／ワイン／ビール

保存食材おつまみ

ポン酢しょうゆをかけて旨辛さっぱり
ラー油のっけたたき山いも

材料と作り方（1人分）

① 山いも70gは皮をむいてジッパーつき保存袋に入れ、すりこぎ、瓶の底などでたたいて粗くつぶす。

② 小鉢に盛りつけ、食べるラー油小さじ1をかける。刻み海苔を適量散らしてできあがり。お好みでしょうゆ、ポン酢しょうゆなどをかけていただく。

kinniku's memo

たたいて粗くつぶした山いもも、和食の定番料理です。これに食べるラー油を組み合わせれば、居酒屋っぽいおつまみになります。食べるラー油の効果で、しゃきしゃきあっさりの食感に、厚みが加わりますよ。

| これに合う! | 日本酒 | 焼酎 | ワイン | ビール |

酒が進む黄金の組み合わせ

ラー油もろきゅう

材料と作り方（1人分）

① きゅうり2/3本は多めに塩をふり、まな板の上で手で押さえながら転がし、板ずりする。緑の汁が出たら流水で洗い、5cmの長さに切り、4つ割りにし、小皿に盛りつける。

② 包丁で刻んだもろみ味噌小さじ1と、食べるラー油小さじ1をのせていただく。

kinniku's memo

あっさりコリコリ美味しいもろきゅうに、食べるラー油でうま味を加えましょう。もろきゅうはシンプルにいただくのが美味しい料理ですが、いつもはシンプルに食べ、飽きた時に食べるラー油で変化をつけるといいですね。

これに合う！ 日本酒／焼酎／ワイン／ビール

保存食材おつまみ

キンキンに冷やしたビールといただきたい
ラー油ニラ奴

材料と作り方（1人分）

❶ ニラ1/4束は5cmの長さに切り、耐熱皿にのせ、ラップをして電子レンジに30秒かける。加熱後ザルに上げ、風を当てて冷ます。

❷ ❶を半分に切った絹豆腐1/2丁の上にのせ、食べるラー油小さじ2をかける。しょうゆをかけていただく。

🧑 kinniku's memo

熱を加えたニラは本当に美味しいものです。ニラのおひたしは、それだけでも立派なおつまみです。これに食べるラー油と豆腐を組み合わせれば、冷奴が通なおつまみになりますよ。

これに合う！ 日本酒／焼酎／ワイン／ビール

鮭ほぐし

きゅうりをすりおろすと違った味わいに

鮭おろしきゅうり

材料と作り方（1人分）

① きゅうり1本は粗めにすりおろし、ザルに上げて水切りする。鮭ほぐし大さじ1と混ぜ、ポン酢しょうゆをかけていただく。

kinniku's memo

ちょっと珍しい「おろしきゅうり」に、鮭ほぐしでうま味を加えました。ぽん酢しょうゆを少しかけると、実にさっぱりいただけます。これを豪華にしたい時は、イクラのしょうゆ漬けを混ぜてください。そうなると立派な料亭風のおつまみになります。

日本酒 / 焼酎 / ワイン / ビール　これに合う!

保存食材おつまみ

鮭ほぐしがおしゃれなバゲットに!

サーモンリエット

材料と作り方(1人分)

1. 鮭ほぐし50g、バター20g、すりおろしにんにく小さじ1/2、粉チーズ大さじ1、マヨネーズ大さじ1、黒こしょう適量をボウルに入れ、しっかりと練り合わせる。

2. 玉ねぎみじん切り20gを混ぜる。スライスしたバゲットなどに薄く塗り、切ったミニトマトなどをのせていただく。

kinniku's memo

リエットはパテに似たフランス料理ですが、鮭ほぐしを使うと、とってもかんたん! 味も本格派で、ワイン、ビールのおつまみになります。日本酒との組み合わせもいいですね。

これに合う！ / 日本酒 / 焼酎 / ワイン / ビール

鮭とチーズでワインといきたい
鮭チーズクラッカー

材料と作り方（1人分）

❶ 鮭ほぐし40gとクリームチーズ60gを混ぜ、練り合わせる。クラッカーにのせ、刻みパセリと粉チーズを適量ふっていただく。

kinniku's memo

クリームチーズは塩分のある鮭ほぐしとよく合います。混ぜたものをそのまま、ちょっとずつ食べてもいいし、クラッカーにのせればお客様に出せるおつまみになります。

これに合う！ 日本酒／焼酎／ワイン／ビール

保存食材おつまみ

しっとり和風なおつまみもお手のもの

鮭きのこ

材料と作り方(1人分)

❶ ぶなしめじ1/4パックは石づきを取り、耐熱ボウルに入れてラップをし、電子レンジに1分かける。

❷ ザルに上げて冷まし、大根おろし大さじ4と混ぜ、鮭ほぐし大さじ1をふりかける。刻みねぎを適量散らし、ポン酢しょうゆをかけてできあがり。

kinniku's memo

きのこをレンチンして大根おろしと和えれば、バッチリヘルシーですよね。それに鮭ほぐしを加えると美味しくなりますよ。ぽん酢しょうゆでさっぱりいただきましょう。

日本酒／焼酎／ワイン／ビール これに合う!

なめたけ

梅肉をちょっと添えるのがポイント
長いもたたきなめたけ和え

材料と作り方(1人分)

❶ 長いも70gは皮をむいてジッパーつき保存袋に入れ、すりこぎ、瓶の底などでたたいて粗くつぶす。

❷ ❶を小鉢に盛り、なめたけ大さじ1をのせ、梅肉小さじ1/4とわさびを適量添えてできあがり。しょうゆをかけていただく。

kinniku's memo
びん詰めなめたけは大根おろしと合わせることが多いですが、長いもと組み合わせるのも美味しいです。梅肉、わさびなどを添えるとより美味しくいただけるし、梅肉の赤、わさびの緑が見た目にもきれいで、目でも楽しめますよ。

これに合う！ 日本酒 / 焼酎 / ワイン / ビール

夏のおつまみに欠かせない
なめたけもろきゅう

保存食材おつまみ

材料と作り方（1人分）

① きゅうり2/3本は多めに塩をふり、まな板の上で手で押さえながら転がし、板ずりする。緑の汁が出たら流水で洗い、一口大に切る。

② なめたけ大さじ1をかけ、もろみ味噌小さじ1を添えてできあがり。

kinniku's memo

もろきゅうもアレンジしやすい料理です。これにもびん詰めなめたけをかけてみましょう。夏場になると、きゅうりが毎日のように登場するご家庭も多いのでは？ P178の「ラー油もろきゅう」などと味を替えながら作ると、飽きずに美味しく食べられますよ。

筋肉料理人の
＼読むだけでワンランクアップ！／
つまみ料理のヒント

自宅で旨いつまみを楽しみながら飲みたい皆さんへ！
私が居酒屋でアルバイト料理人をやっていた時に感じたり身に付けたりした、
ちょっと意識するだけで料理がワンランクアップするコツをご紹介します。

刺身を美味しくいただくコツ

お酒好きなら、大好きな刺身。美味しく食べたいですよね。おうちで刺身を美味しく食べるには？　まずはかんたんにできる事から考えてみましょう。パックの刺身を買ってきたとして、パックのまま食べてもいいですが、それではあまりに味気ないです。お皿に移すだけで気分が盛り上がります。そして、その時はお皿をしっかり冷やしておきましょう。刺身は適度に冷たい方が美味しいに決まってます。刺身自体も当然、冷蔵庫で冷やし、皿も冷蔵庫で冷やしたり、氷水で冷やしてから盛ると、おうちでも抜群に美味しくいただけますよ。

美味しいサラダの決め手とは？

美味しいサラダを作るにはどうしたらよいでしょう？「サラダ野菜を冷水につけ、しゃきっとさせる」「新鮮な野菜を使う」「美味しいドレッシングを買ってくる」どれも正しいですが、美味しいサラダの決め手は、冷水でしゃきっとさせた後の「水切り」でしょう。サラダ野菜が水でびしょびしょだと、どんなに美味しい野菜とドレッシングを組み合わせても、台なしになってしまいます。皿に盛る前にしっかり水切りすることが大事です。できればサラダスピナー（水切り器、ホームセンターで売ってます）を使えば、いつものサラダがひと味もふた味も変わりますよ。

乳製品はわさびしょうゆで！？

家飲みをしている時、もう一品つまみが欲しいなんて、途中で思うことってありますよね。そんな時、チーズがあればいろいろな料理になってくれます。クラッカーでカナッペ、野菜と一緒にサラダや和え物にもなります。チーズそのものをわさびしょうゆで食べるのも面白いです。また、ヨーグルトを水切りすれば、わさびじょうゆで乙なつまみ（P26）に変身してくれます。

column*1

気分も上がる、盛りつけマジック

料理は味が良ければいいに決まってますが、居酒屋さんでは見た目も大事です。考えてみてください。きれいに並べた刺身は見ただけで美味しそうだと思いますが、これをぐちゃぐちゃにして山盛りにしたらどうでしょう？食欲がわきませんよね。料理は見た目も大事なんです。刺身だけでなく、炒め物、和え物なども、皿に小高く盛り、てっぺんにごまや刻みねぎ、刻み海苔などを散らしたりすると気分が変わります。居酒屋気分を盛り上げるのに良いアイテムが「糸切り唐辛子」です。辛くない唐辛子を糸のように切ったスパイスで、居酒屋の小鉢、炒め物などのトッピングによく使われます。こういうアイテムがあると、かんたんにプロっぽく盛りつけられ、気分が盛り上がりますよ。スーパーで手に入ります。

マヨネーズ・デコでプロ風仕上げ

おつまみ系の料理にマヨネーズはよく使います。和え物やサラダに使うし、フライパン料理の仕上げ、飾りにかけることもあります。居酒屋気分を盛り上げるのにディスペンサーを使うのがおすすめです。ディスペンサーを使えば細い線が引けるので、お店のような飾りつけができます。しかもかける量が減るので、カロリーカットにもなります。100円ショップで買えますので、ぜひ使ってみてください。

旬の食材を愉しむ！

今どきは野菜も魚も旬に関係なく一年中手に入りますが、もともとはその土地、土地の旬の食材があるものです。例えばなすときゅうり。代表的な夏野菜で、夏になると美味しく、しかも安くなります。本書で紹介している「うま辛きゅうり」(P24)「蒸しなすサラダ」(P52)は、やはり夏に作ると美味しいです。しかも、なすは旬の初期と後期では味が変わります。味の変化を楽しむのも旬を食べる楽しみです。

ちょっと意外な最後の武器

仕事で料理を作っていても、いつもバッチリ！とはいかない時もあります。なんとなく味が決まらない時ってあるんです。例えばお通しを作る時とか、お吸い物を作る時、どうしても決まらない……。そんな時はうま味調味料を、ほんの少し入れます。例えば家で鯛の吸い物を作る時、鯛の量が少なくて十分だしが出ないって時があると思うんです。そんな時は味を濃くするのではなく、ちょっとのうま味調味料で調整するといいですよ！

筋肉料理人の
酒好きによる酒好きのための
酒飲み談義

根っからの酒好きの私が、いかにして家飲みを楽しむか、
そして、どう酒を飲むか、またつまみとの相性についてを、
とことん語らせていただきます!

「いいお酒はココぞという時に飲みたい」

私にとってのお酒は楽しむものであり、「酔う」ためのものでもあります。せっかく飲むんだから、ある程度は酔っ払いたい……。ほぼ毎日飲むのに高いお酒ばかり買えません。だから、上等のお酒を飲むのは、いい出来事があった日だけ、と決めています。それで普段はお手頃価格のお酒を飲んでいるわけですが、そんな時でも、自分で旨いつまみを作れると気分良く飲めます。小鉢を何皿か並べて飲めば、安酒でもずいぶん美味しくなります。それにこうしていれば、たまに飲む上等なお酒の味が、より美味しく感じられ、毎日の仕事を頑張ろう!って気持ちになりますね。私にとって「酔いたい酒」であるからこそ、安心して酔える家飲みは最高の楽しみなんです。

「刺身はつまみの鉄板」

じゃあ具体的に何を作るかって? ごくごくかんたんなものでいいんです。私のベストはやっぱり刺身ですね。さばいてるそばから飲みたくなる(笑)。もちろん、買ってきた刺身でも十分です。同じ刺身でも上物が手に入った時は、やっぱり日本酒といきたいですよね〜。反対に、値引きされた位のものは、漬けにするなどちょっと手を加えてやると、焼酎のあてにピッタリだと思います。私は居酒屋で料理人のバイトをしたおかげで、自分で魚をさばけるようになったんですが、本当に好きな人だったら自分でさばけるようになると新鮮で旨い刺身に安くありつけるので、いいと思います。とにかく、いい酒といつまみにありつくために、いろいろとやってみると楽しいですよ。

column*2

「おつまみのセレクトは経験値で」

いろいろ作り、試すうちに、シチュエーションに合わせて最高のつまみをチョイスできるようになります。私は一人で飲むことが多いんですが、そんな時は本を片手にお酒をなめるって事が多いです。そうなると、時間をかけて飲むことになるので「鶏皮のピリ辛ポン酢和え」(P60)や「うま辛きゅうり」(P24)など、時間が経っても大丈夫な小鉢を並べたりしますね。刺身等はぬるくならないように、皿ごと冷蔵庫で冷やして食べるなど気を配ります。本は食についての描写があるものがいいですね。特に開高健や池波正太郎などが好きです。開高さんの食談に影響を受けて料理に興味を持ったし、池波さんの人気シリーズの江戸の食文化などに触れると、当時の生活に引き込まれるような気がします。そんな作品を読んでいると、もはや活字をつまみに飲んでいるようなものです。そして後日、作中の料理をベースに料理を創作し、またまた本を片手に悦に入っていたりします(笑)。

「家飲みに禁じ手なし!」

家だといろいろな組み合わせにトライできるから、やっぱり"家飲み"サイコーです。例えばワインだと、一般的には魚に白ワインを合わせますが、カツオやマグロ、サバの刺身なら赤ワインにも合いますし、ほかの刺身だって「お刺身のキムチ和え」みたいにすれば赤ワインのつまみになります。私の場合、赤ワインもキンキンに冷やして飲みます。冷たい赤ワインは口に入れると、最初は冷たさによる爽やかさが広がり、その後に本来のどっしりした味わいが広がります。そして時間をかけて飲むと、空気に触れたワインがデキャンタージュされて、味が丸くなっていくのも楽しめます。こんな感じで、家でなら色々なお酒を、自分好みに楽しめるのが嬉しいところじゃないですか。結局のところ、自分の好きな組み合わせ、飲み方がベストなんだと思います。皆さんもこの本片手におつまみを作り、自分好みの飲み方で"家飲み"を満喫しちゃってくださいね。

筋肉料理人の

\\ 細かいツボまでよーくわかる！ /
YouTubeチャンネル

魚のさばき方や、ちょっと難しいワザは、初めてだとなかなかイメージが湧かないですよね。そんなときぜひ見てほしいのが、YouTubeチャンネル『筋肉料理人の簡単レシピ、魚料理』です。
この本と一緒に使っていただくと、よりわかりやすいかと思います。
他にも、お役立ち動画がたくさんアップされているので、ぜひお見逃しなく。
そんじゃ〜さっそく〜(σ´∀`)σ行ってみよう!!

https://www.youtube.com/user/kinniku3

2022年10月現在
700本超
公開中

ここから
検索も
できるよ！

例えばこんな動画が…

① 本書掲載のレシピ動画

P54の「いわしのおろしポン酢和え」、P84「お刺身のキムチ和え」、P92「チーズさくさく焼きせんべい」など、本書掲載のレシピ動画も充実。動画を見てから作ると、よりキレイにできると思います。

左の写真は「お刺身のキムチ和え」の作り方①の行程です。本書では刺身を使っていますが、動画ではさばき方から解説しています。

column*3

② 定番レシピやスイーツ

今さらなかなか人には聞けないような定番レシピについても、ちょっとしたコツを動画で紹介しています。また、バウムクーヘンやシートチーズケーキなどのスイーツの動画も人気です。

『チキンライス、オムライスの作り方』のひとコマ。コツは木べらで細めに切るような感じで混ぜること。こうすれば水分が飛んで、ベチャッとなりにくいです。

③ 魚のさばき方あれこれ

サバ、真いか、鯛など、ぜひチャレンジしたいものから、ウスバハギ、やずなど珍しい魚まで様々な魚のさばき方を紹介。さらに、うろこの落とし方や皮のむき方など、ピンポイントの解説動画があって、こちらも大人気。

『鯖のおろし方と鯖しゃぶ鍋』のひとコマ。サバのさばき方と刺身の切り方を、丁寧に解説しています。最後には、おすすめの食べ方『鯖しゃぶ鍋』の様子を紹介。

④ 高難度な飾り切りワザ

これこそ絶対動画で見てほしいワザ！もちろん実際に試してほしいですが、なにげに見てるだけでも楽しい動画ですよ。なお、作り方はあくまで筋肉料理人の自己流ですので、そのつもりでご覧くださいね〜。

『大根飾り切り kazarigiri』のひとコマ。刺身、サラダの飾りに使える大根の飾り切りをノーカットで解説しています。これがマスターできたら、かなりハクがつきますよ！

191

本書は、2009年3月発売の
『e-MOOK 筋肉料理人の居酒屋ごはん帖』、
2012年3月発売の
『e-MOOK 筋肉料理人のかんたん！絶品おつまみ』の
内容を再構成し、書籍化したものです。

Staff

編集協力　河辺さや香
Cooking & Styling　藤吉和男
Photo　　藤吉和男、西山輝彦
Art Director　神永愛子(primary inc.,)
Chief Designer　森高彩子(primary inc.,)
Designer　加藤純子／東妻詩織／仙次織絵／今井信人／
　　　　　平之山聡子／菊地哲郎（primary inc.,)

最高の晩酌つまみ

2013年6月5日　第1刷発行
2022年11月19日　第3刷発行

著者　藤吉和男
発行人　蓮見清一
発行所　株式会社宝島社
　　　　〒102-8388
　　　　東京都千代田区一番町25番地
　　　　03-3234-4621（営業）
　　　　03-3234-3691（編集）
　　　　https://tkj.jp
印刷・製本　中央精版印刷株式会社

本書の無断転載・複製を禁じます。
乱丁・落丁本はお取り替えいたします。
©KAZUO FUJIYOSHI 2013 Printed in JAPAN
ISBN978-4-8002-0987-0